세상은 우리가 가르치는 대로 된다
더 나은 세상을 만드는 **해결사** 양성하기

The World Becomes What We Teach
Educating a Generation of Solutionaries

THE WORLD BECOMES WHAT WE TEACH
Copyright © Zoe Weil, 2016
Korean translation copyright © Hawoo Publishing INC., 2022
All Rights Reserved. Published by Lantern Books, USA.
This Korean edition is published by arrangement with Lantern Publishing & Media
through Shinwon Agency Co., Seoul, Republic of Korea.

이 책의 한국어판 저작권은 신원에이전시를 통해 저작권자와 독점 계약한
(주)도서출판 하우에 있습니다. 저작권법에 의해 한국 내에서 보호를 받는 저작물이므로
무단 전재 및 무단 복제를 금합니다.

세상은 우리가 가르치는 대로 된다

발행일	1판 1쇄 2022년 6월 17일
지은이	조 웨일
옮긴이	오인경, 김미정
펴낸이	박민우
기획팀	송인성, 김선명, 김선호
편집팀	박우진, 김영주, 김정아, 최미라, 전혜련
관리팀	임선희, 정철호, 김성언, 권주련
펴낸곳	(주)도서출판 하우
주소	서울시 중랑구 망우로68길 48
전화	(02)922-7090
팩스	(02)922-7092
홈페이지	http://www.hawoo.co.kr
e-mail	hawoo@hawoo.co.kr
등록번호	제475호

ISBN 979-11-6748-067-5 03370

값 12,000원

세상은 우리가 가르치는 대로 된다

- 더 나은 세상을 만드는 해결사 양성하기 -

The World Becomes What We Teach

조 웨일 지음
오인경, 김미정 옮김

교육은 세상을 바꿀 수 있는 가장 강력한 무기입니다.

— 넬슨 만델라(Nelson Mandela) —

기회가 주어진다면 학생들은 기대를 훨씬 뛰어넘는
수준을 성취할 것입니다.

— 에스더 워치츠키(Esther Wojcicki) —

주도적으로 예리하게 사고하는 것은 매우 어려운 일입니다.
우리는 반쪽짜리 진실이나 편견, 선전에
정신적 삶이 침범되도록 내버려 두는 경향이 있습니다.
…… 지성에 인성을 더하는 것,
이것이 진정한 교육의 목표입니다.

— 마틴 루터 킹 주니어(Martin Luther King Jr.) —

* 이 책은 환경 보호를 위해 작은 판형으로 만들었습니다.

| 역자 서문 |

대한민국 독자들께

우리는 교육공학자입니다. 교육이 미래에 어떻게 발전하면 좋을까에 대해 꾸준한 관심을 갖고 책을 읽던 어느 날 환하게 빛나는 단어를 발견했습니다. '**해결사**'solutionary란 신조어였는데, 그 뜻은 지식 전달 방식의 교육을 넘어서서 아이들이 실제의 세상 문제에 도전하여 직접 해결함으로써 더 나은 세상을 만드는 사람이었습니다. 우리는 이 단어에 완전히 매료되어 번역을 하기로 의기투합했고, 번역 과정에서 많은 토론을 하면서 너무나 행복하게 이 작업에 임했습니다.

그동안 대한민국 선생님들의 노력으로 한국 학생들이 국제학생평가PISA에서 월등한 성적을 거둘 정도로 교육계에 많은 발전이 있었습니다. 그럼에도 불구하고 교육 관련 책들을 읽어보면, 한국뿐 아니라 많은 나라에서도 평가시험 위주의 교육에 치우쳐서 학생들을 세상과 분리시키고 시험 기계로 만드는 게 아닌가 하는 우려가 적지 않습니다. 많은 사람들이 이런 불편한 진실을 알고 있으면서도 여전히 우리의 교육 시스템은 '세상과 연결된 학교'라는 꿈을 이루지 못하고 있습니다.

이 책에서 가장 크게 배울 점은 학생들에게 **시스템적인 사고**를 가르쳐야 한다는 것입니다. 학교에서 문제 해결 교육을 할 때, 단순히 그 문제만 해결하는 법을 배우는 경우가 많습니다. 그러나 현실 사회에서의 삶은 복잡한 시스템들에 의해 움직이고 있습니다. 즉, 한 가지가 변하면 다른 것들도 같이 변하는 세상에 살고 있다는 말입니다. 그러므로 진정한 해결사라는 것은 **문제와 연결된 모든 시스템을 고려한 인도적인 해결책**을 창조해야 한다고 저자는 강조하고 있습니다. 저자는 아이들이라도 시스템에 기반한 사고를 할 수 있다는 믿음을 갖고 있습니다. 이제는 인간 중심의 철학이 아닌, 인간과 동물과 환경 모두가 더불어 사는 더 나은 세상을 위한 **생태 중심 철학의 시대**가 도래한 것입니다.

하지만 누구라도 알고 있듯이 교육 시스템을 바꾸는 것은 무척 어렵습니다. 각자의 요구를 가진 학부모, 행정가, 학교 등 많은 이해관계 시스템이 얽혀 있기 때문입니다. 그래서 과거를 점진적으로 개선해서는 미래를 만들지 못한다는 사실을 깨달은 선각자들은 교육에 있어서도 아예 차원이 다른 **파괴적 혁신** disruptive innovation을 실험하고 있습니다. 이 책의 저자도 바로 그런 사람 중의 하나입니다. 영국의 위대한 시인 윌리엄 예이츠는 "**교육은 들통을 채우는 게 아닌 불씨를 지피는 일**"이라고 말했습니다. 우리는 과연 학생의 머리를 채우는 교육을 하고 있는지, 아니면 학생의 마음에 불씨를 지피는 교육을 하고 있는지를 다시 생각해 볼 때입니다. 만일 불씨를 지피는 데 성공한다면, 학생들은 스스로 찾아서 공부를 하고, 더 나은 세상을 상상하며 글로벌 문제를 풀어나가는 해결사를 자처할 것입니다.

그렇다고 이 책이 지식 전달 교육이나 수월성을 포기하자는 것은 아닙니다. 오히려 저자는 이 두 가지를 매우 중요하게 생각합니다. 우리들 중에는 '학교 공부 따로, 진로 따로'라고 여기는 사람이 있습니다. 또한 학생들 중에는 내가 진짜로 뭘 하고 싶은지를 모르는 사람도 적지 않습니다. 자신의 관심사가 어디에 있는지를 모른 채 성적과 전공에 맞춰 대학과 기업의 문을 두드립니다. 이들에게 더 나은 교육을 하기 위해서는, 어릴 때부터 내가 사는 세상에 어떤 문제가 일어나고 있는지, 그중에서 '나'의 도전으로 해결책을 제시하고 싶은 관심 문제는 무엇인지, 그걸 해결함으로써 내가 세상을 어떻게 변화시킬지, 그리하여 내가 어떤 진로를 선택하면 유망할지를 학교에 다니면서 직접 경험하고 결정하게 하자는 것입니다. 즉, 하이데거가 얘기했던 것과 같이 '세상 속의 나'를 인식하고, 그에 따른 **학업과 진로를 병행할 수 있는 해결사 교육이야말로 진정한 개인화 교육**입니다. 그런 교육이라면 졸업 후 곧바로 자기 진로를 찾아 나아가는 준비된 젊은이들이 더 많이 생겨나고, 비록 작은 측면일지라도 '내'가 세상을 바꿀 수 있다는 자신감도 높아질 것입니다.

여러분이 품고 있는 교육 목적이, 개인적인 측면으로는 타고난 잠재력을 끌어내서 '진정한 자기를 재창조'하고, 사회적인 측면으로는 재창조된 사람으로서 의미 있는 사회 기여를 통해 '더 나은 세상을 창조'하는 것이라면, 해결사 교육을 강력히 추천합니다.

이 책은 미국의 교육 환경에 대해 이야기하고 있습니다. 우리나라의 교육 환경과 비슷한 점도 많지만, 대한민국이라는 특성을 감안해서 읽으면 더 좋을 것 같습니다. 대한민국의 독자들이 **이 책을 어떻게 읽었으면 좋을지** 우리의 생각을 말씀드리고 싶습니다.

1) 현재 **대한민국은 기술 강국**이며 대부분의 아이들이 디지털 원주민입니다. 따라서 문제 해결 방식에 있어서 우리나라의 강점인 과학기술, 즉 **테크놀로지를 접목한 해결책**을 시도해 보기를 권장합니다. 왜냐하면 테크놀로지는 이미 우리의 삶 속에 스며들어 와 있으며, 정보가 일순간에 전 세계로 파급될 수 있고, 전 세계인으로부터 신속한 피드백을 받을 수 있기 때문입니다. 또한 앞으로 인공지능 AI이 인간의 지능을 앞서는 특이점이 곧 다가오기 때문에, 인공지능과 관련된 해결책을 시도해 보는 것도 유망할 것입니다. 만일 해결책이 디지털 시각 자료라면 nft에 올려 경제적인 효과도 같이 누리는 학습도 큰 동기를 유발할 것입니다. 빈곤한 나라에 기여하는 '따뜻한 기술'(또는 적정기술)도 테크놀로지를 수반한 것이 많기 때문에 **과학기술과 인도적인 정신을 동반하는 해결사 교육**이 미래에 유망할 것입니다. 이런 것들을 우리가 먼저 시작해 보는 건 어떨까요.

2) **다한민국은 미래 비전을 품고 세계 어떤 나라보다도 빠르게 성장한 나라**입니다. 인류의 필요에는 현재 문제에 대응하는 필요 retroactive needs와 아직 오지 않은 미래의 필요 proactive needs가 있습니다. 따라서 우리 독자들은 현재 문제에 대한 비판적인 시각과 함께, **미래 창조에 초점을 둔 성**

장의 시각 growth mindset으로 읽어주셨으면 좋겠습니다. 일례로 스마트 폰은 현재 진행되는 문제를 비판하고 개선한 결과물이라기보다는, 아직 오지 않은 미래를 앞당겨 온 발명품입니다. 그런데 스마트폰 발명 이후 위치 추적을 통한 어린이 보호/납치 문제도 조금은 덩달아 나아졌습니다. 왜냐하면 둘이 시스템으로 연결되어 있기 때문입니다. 스마트폰 시스템을 통해 차원이 다른 완전히 **새로운 미래로 변혁되면서 다른 문제들에 대한 해결책도 덩달아 제시**된 것입니다. 스마트폰의 발명 당시에는 그것이 인류에게 꼭 필요한 기기는 아니었습니다. 비단 스마트폰뿐만 아니라 이런 미래지향적인 해결책들이 도처에 많이 생기고 있습니다. 이런 이유로 우리는 아이들이 완전히 새로운 미래, **불가능한 미래** impossible future를 꿈꿔 보기를 진심으로 원합니다.

따라서 학생들의 시야를 미래로 돌려서 인류가 아직 당면하지 *않은* 새로운 도전을 찾고, 지금도 잘하고 있지만 어떻게 하면 *더* 발전할 수 있는지를 **낙관적으로 바라보게 하는 것**도 우리 어른들이 해야 할 일입니다. 학생들이 사회의 부정적인 면이나 고쳐야 할 점에 *과도한* 비중을 두지 않으면서, 긍정적인 기대를 품고 두근거리는 가슴으로 완전히 새로운 미래를 상상할 수 있다면 기쁘겠습니다. 인간은 원래 현재 있는 것을 고치는 것보다 아예 새로운 것을 만드는 것이 더 신이 나고, 장애물이 적어서 실제로 더 쉬운 경우가 많습니다. 게다가 파급력도 큽니다. 여태껏 보지 못했던 '더 나은 세상'을 상상하면서 **긍정적이고 낙관적인** 시각을 가진 해결사들이 다음 세상을 책임지기를 기대합니다.

3) 대한민국은 **빠른 실행을 자랑하는 역동적인** 나라입니다. 이건희 삼성그룹 전 회장은 "충분히 생각할 시간을 주되, 결정을 내리거나 움직여야 한다고 판단되면 생각 속에서 과감하게 뛰쳐나오는 훈련이 필요하다"고 말했습니다. 100번의 계획보다 단 한 번의 실행이 중요합니다. 그동안 접해 왔던 프로젝트 기반 학습 등도 좋은 학습 방법이지만, 당초 취지와는 달리 해결안을 실행하는 것보다는 해결안을 만드는 데 더 깊은 시간을 할애하고 있지 않았나 하는 비판을 받고 있습니다. **해결사 교육은** 실행의 비중을 더한층 높여서, **만들기와 실행하기의 균형을 이루는 교육** 방법입니다. 따라서 엉덩이 탐정에서 벗어나 **실제 세상을 변화시킬 실제 해결안을 만들고, 실제로 실행에 옮기고, 실제 세상으로부터 피드백을 받고, 피드백에 따라 계획을 수정 보완해서 다시 실행하는 '반복 사이클'을 거쳐야** 합니다. 이게 바로 해결사 교육이 과거의 교육과 다른 점입니다.

우리는 번역을 하면서 저자가 독자들에게 과연 무슨 말을 전달하고 싶은지 한 자 한 자 빼놓지 않고 읽고 또 읽었습니다. 그리고 저자의 영혼을 그대로 느끼려고 노력하면서 한글로 바꾸었습니다. 이 번역서는 많은 토론과 협의를 거친 결과물입니다. 언어 간의 차이 때문에 때때로 어려움에 부딪히긴 했지만 저자의 교육에 대한 열정과 소망을 여러분들도 영혼으로 느끼기를 바라면서 번역을 마칩니다.

　전 세계적으로 우주에 관한 관심이 뜨거운 시대입니다. 지구 행성의 시대를 넘어서서 우주와 더불어 살고자 소망하는 인류의 도전이 시작되고 있습니다. 공부를 잘하는 것도 중요하지만 공부를 통해서 인간뿐 아니라 환경, 다른 동식물, 그리고 '더불어 살기에 더 나은 우주 창조'에 기여하는 훌륭한 해결사들이 세계 각국에서 우후죽순처럼 탄생하기를 바랍니다. **세상은 우리가 가르치는 대로 된다**는 훌륭한 믿음을 가지고, 학생들이 직접 만들고 싶은 미래 세상에 대한 불씨를 지피는 해결사 교육에 비중을 둔다면, 학생들 스스로 우리가 상상도 하지 못했던 불가능한 미래를 창조할 것입니다. 해결사 세대가 만든 세상 속에서 살고 있는

'나'의 미래 모습을 흐뭇하게 상상해 봅니다.

    좋은 책을 내 주신 저자, Zoe Weil 박사께 존경과 감사를 드리며……

    — 어느 때보다 더 맑은 사월의 첫 주말, 서울에서
        오인경, 김미정
        2022. 4. 3.

| **추천의 말** |

💬

"지구에 살고 있는 우리 젊은이들의 미래가 희망이 있으려면, 세상에 대해 자신들이 가장 위대한 도전을 할 힘을 가졌다는 마음가짐과 실천 도구를 반드시 갖고 있어야 합니다. 『세상은 우리가 가르치는 대로 된다』는 이러한 젊은이들을 가르치는 교육자들에게 방향성을 제시합니다. 저는 그런 노력에 박수를 보냅니다. 많은 교육자들과 젊은이들이 저자가 제공하는 중요한 깨달음을 이 책에서 얻기를 바랍니다."

-Jane Goodall, DBE, Ph.D. The Jane Goodall Institute 설립자, 유엔 평화의 메신저

💬

"『세상은 우리가 가르치는 대로 된다』는 세상에서 마주치는 문제에 대해 효과적이며 의미 있고 긍정적인 도전을 하는 데 있어서 아주 간단하면서도 강력한 답변을 주는 중요한 책입니다. 해결사 세대를 교육하자고 외치는 저자의 요청을 귀담아듣는다면, 진정으로 정의롭고 온정적이며 건강한 세상이 펼쳐지는 것을 목격하게 될 것입니다. 사랑하는 자녀와 우리 모두의 미래를 위해 이 책을 읽기 바랍니다."

-Matt Goldman, Blue Man Group and Blue School 공동 설립자

"변화하는 세상에서 평생 학습이 더욱 중요해짐에 따라, 저자는 학교 교육

에서 보다 세상과 연결되는 의미 있는 목적을 채택할 것을 원합니다. 학교가 곧 현실 세계가 되도록 즉 학생들이 해결사가 되도록 해결사 중심적인 교육을 할 수 있게 교사를 준비시키는 일은 당연하고도 필수적입니다. 이러한 종류의 교수 및 학습은 기미 일어나고 있습니다. 건강하고 인도적이며 지속 가능한 미래에 기여하는 어린이와 젊은이들의 수많은 이야기가 학교에서 생겨나고 있습니다. 이를 실현하기 위해 교육자들이 어떤 일을 했는지에 대한 사례도 많습니다. 저자는 학교가 왜 변해야 하는지를 예시하며, 어떤 종류의 새로운 이야기가 있는지를 우리에게 보여줍니다. 게다가 저자의 말은 설득력이 있습니다. 이 책은 당신을 변화시킬 것입니다."

-Jaimie P. Cloud, Cloud Institute for Sustainability Education 교장

"이 책은 개혁적인 사고를 바탕으로 교육적 상상력을 자유롭게 펼쳐줍니다. 현재의 비판적인 문제들이 부응하는 학교, 즉 '세상과 관련된 학교'라는 바로 그 개념을 재정립합니다. 저자는 교육, 학습, 교육 과정 개발 및 학교 교육 자체의 목적에 대한 새로운 지평을 열었습니다. 그리고 이를 안내하기 위한 지도, GPS 및 여행 가이드를 우리에게 제공합니다. 너무 많이 읽어서 책장 모서리가 잔뜩 접히고 커피 자국으로 얼룩질 이 책은 어린이, 지구 그리고 정의롭고 지속 가능한 사회에 진정으로 헌신하는 교육자나 변혁적 지도자의 책장을 빛나게 할 것입니다."

-Khalif Williams, The Bay School 이사

"저자는 새로이 권한을 부여받은 젊은이들의 열정과 능력을 활용하여, 세상을 더 나은 곳으로 만드는 교육을 강화하자고 주장합니다. 그래서 현재 떠오르고 있는 세계적인 움직임에 중요한 역할을 합니다. 이 책은 가능한 한 많은 부모 및 교육자들이 다시 생각하고 실천하는 데 좋은 정보가 될 것입니다. 그리고 세상에 위대한 해결사 학교가 많이 생겨나서 번성하고, 내 아들이 해결사로 가득 찬 세상에서 성장하기를 바랍니다. 그리고 내 아들도 그 중의 한 사람이 되기를 바랍니다."

-Marc Prensky, The Global Future Education Foudation and Institute 창립자이자 실행 이사

"저자의 비전은 즐거움, 호기심, 복잡성이 가득한 학습환경, 그리고 모든 사람이 능력이 있다는 믿음이 풍부한 학습 환경을 창조하는 것입니다. 이러한 비전이 학교 및 지역 사회의 기본 시스템으로 작동하고 있다고 상상해 보십시오. 학생에서 지역 사회에 이르기까지 우리 모두는 주변 세계에 긍정적이고 장기적인 영향을 미칠 수 있습니다. 이 책이 여러분 자신의 삶에 대한 해결책을 마련할 수 있는 초대장이라고 상상해 보십시오. 이 책이 광범위한 지역 사회에 '해결사 학교 시스템'을 만드는 협력자가 되자는 초청장이라고 상상해 보십시오. 이것이 저자의 신념입니다. 이 책은 학생, 선생님, 학교 및 지역 사회의 놀라운 미래를 공동 설계하기 위한 초대장입니다."

-Christian Long, WONDER, By Design 창립 파트너

"저자는 우리 교육 시스템뿐만 아니라 이 행성의 미래를 위해 신중하게 답해야 할 질문을 던집니다. 저는 야외 체험 교육부터 교실 환경에서의 봉사 학습에 이르기까지 25년 넘게 교육 분야에서 일해 왔습니다. 저자의 교육 모델과 비전은 제가 여태껏 만났던 어떠한 교육 방법보다 더 효과적인 시스템적 사고를 지향합니다. 이 책은 행동 지침의 역할을 할 것이며 우리가 학교를 의미 있고 즐거우며 문제를 해결하는 곳으로 만드는 데 도움을 줄 것입니다."

-Barbara Fiore. 교육 컨설턴트, Hurricane Island Outward Bound School 전 프로그램 책임자

"저자는 세계를 볼 때, 더 공평하고 더 회복적이며 더 연민 의식이 충만한 세상을 만들기 위해 사람들이 여전히 애쓰는 세상이라고 봅니다. 그리고 우리 모두가 더 공감하며 인정을 베풀고 평화로운 세상을 만들려고 여전히 애쓴다고 봅니다. 『세상은 우리가 가르치는 대로 된다』는 교육의 미래를 위한 선언문입니다. 인도적인 세상이란 젊은이들이 해결책의 일부를 제공하는 세상입니다. 이 책은 젊은이들이 진정한 자아를 발견

하는 일에 스스로 참여하도록 우리가 돕지 않는 한 인도적인 세상은 가능하지 않다는 것을 알려주는 일종의 요리책입니다."

-Sam Chaltain, 『Faces of Learning』의 저자, Year at Mission Hill의 공동 프로듀서

💬

"저자는 어린기의 호기심, 창조성 및 능력 존중을 기반으로 하는 교육 비전을 제시합니다. 그리고 진정한 희망을 바탕으로 한 교육 실천 방법을 보여줍니다. 또한 상상력, 엄격함, 세상에 대한 사랑으로 교육을 개혁하는 방법에 대한 청사진을 공유합니다. 이 책은 대단히 훌륭하고 필수적이며 희망을 주는 책입니다."

-Kathleen Roberts Skerrett, 리치몬드 대학교 예술 과학부

💬

"『세상은 우리가 가르치는 대로 된다』는 교육에 대한 전통적이고 경쟁적인 접근 방식에 대해 아무런 이유 없이 받아들였던 가정에 의문을 제기합니다. 그리고 협동과 협업을 기본으로 한 교육 방식을 제시하는 비전 가득한 교육자의 작품입니다. 우리 학교가 창조성과 비판적 사고를 어떻게 금지하는지를 강력하게 고발합니다. 더불어 저자의 교육법은 학생들이 원하는 세상을 상상하고 창조할 수 있도록 힘을 줍니다. 교육자와 학부모, 세상을 더 나은 곳으로 만들기를 원하는 사람 모두에게 이 책을 강력히 추천합니다."

-Arnold Greenberg, Miquon Upper School, Deep Run School of Homesteading and Community and Liberty School (민주적 학습 커뮤니티) 설립자

💬

"보다 인간적이고, 평화롭고, 공평하고, 회복력 있는 세상 및 교육 시스템을 창조하는 방법을 배우고 싶은 사람이라면 이 책을 반드시 읽어야 합니다. 이 책은 당신의 삶과 학습에 대해 아무 이유 없이 같아들였던 가정을 재평가하는 시발점이 될 수 있습니다."

-Nikhil Goyal, School on Trial: How Freedom and Creativity Can Fix our Educational Malpractice

"이 책은 교육 분야에 있어서 아주 중요한 사상가의 책입니다. 저자의 독창적인 아이디어는 수십 년간의 실제적인 현장 실습을 기반으로 하고 있습니다. 21세기에 나타나는 요구 사항들을 만족시키는 교육 모델을 다시 생각해본다면 어떤 모델이 될 수 있을지에 대해 낙관적인 비전을 창조했습니다."

-Doug Alexander, Actua Corporation 사장

"저자는 교육 개혁에 관해 미사여구의 토론을 넘어서서 학교의 목적 자체를 개편하라고 우리에게 도전장을 내밉니다. 저는 교육자, 변호사, 기업가 및 멘토로서 저자의 접근 방식에 매우 흥미를 느낍니다. 오랜 지지자이자 Model UN 학생의 부모인 저는 오늘날의 학생들을 위해 새롭고 더 도전적인 해결사 클럽을 만들자고 하는 저자의 비전을 사랑합니다. 세상이 실제 문제로 가득 찬 이 시기에, 왜 학생들은 아직도 상상으로 만든 문제를 연구하고 토론하고 있어야 하나요? 세상의 미래 및 모든 살아있는 생물의 미래 개선을 위한 해결책을 만들어 내기 위해, 이 세대가 어떻게 도전하고 훈련받아야 하는지를 저자는 논리적으로 설명합니다. 저는 이 책을 좋아하고 학부모, 교육자, 연구원, 학생과 공유할 계획입니다."

-Nancy Hodari, Equilibrium Studio 설립자 및 교육 이사

"저는 모든 사람이 기여를 할 수 있는 독특한 능력이 있다고 믿습니다. 그러나 학교는 그것을 표현하려는 아이들의 의지를 너무도 자주 억압합니다. 『세상은 우리가 가르치는 대로 된다』에서 제시한 학교 교육 방식은 21세기의 번영을 위해 요구되는 모든 도구를 학생들에게 제공합니다. 이와 동시에 미덕의 씨앗을 어떻게 키우는지를 솜씨 있게 밝혀줍니다. 저자의 협력적이고도 간학문적 교육 방식은 위대한 사회적 도전을 마주할 준비가 된 '해결사' 세대를 양성하는 데 필요한 처방전이 될 것입니다."

-Ariel Nessel, The Pollination Project 창립자

| 목차 |

역자 서문　　　　　　　　　　　　　　　　　7
추천의 말　　　　　　　　　　　　　　　　　16
용어 정의　　　　　　　　　　　　　　　　　26
편지　　　　　　　　　　　　　　　　　　　27
들어가며　　　　　　　　　　　　　　　　　30

왜 학교가 바뀌어야만 하는가?　　　　　　　44

교육에 있어서 근본적인 도전 과제는 무엇인가?　　　44
무엇이 학교 교육의 목적이 되어야 할까?　　　　　　52
무엇을 가르쳐야 할까?　　　　　　　　　　　　　　56
해결사가 되기 위해 꼭 필요한 기술과 능력은 무엇일까?　66
교육에서는 어떤 시스템의 변화가 필요한가?　　　　　77

학생들을 해결사로 교육하기 … 82

공정하고 인도적이며 건강한 세상이 가능하다는 것을
  가르치자 … 82
우리 모두가 불가분하게 연결되어 있고,
  우리 선택의 결과와 공동의 미래에 각자 책임이
  있다는 것을 학생들이 확실히 이해하게 하자 … 86
해결사적인 해결책을 개발하는 방법을 학생들에게
  이해시키자 … 101
현실 세계 문제를 중심으로, 간학문적인 학습을
  구성하자 … 105
다양한 교육 방식으로 학생들을 해결사로 준비시키자 … 115
더 의미 있는 평가를 채택하자 … 121
긍정적인 태도와 행동뿐 아니라 건강한 정신 상태를
  촉진하는 자기성찰 연습을 제공하자 … 127
학생들의 신체적 건강과 운동을 위해 힘쓰자 … 130
각각의 아이를 위해 교육 과정을 개인화하자 … 136
학교를 의미 있고 즐거운 곳으로 만들자 … 141
해결사적 교육자가 될 수 있도록 교사들에게
  온전히 투자하자 … 144
학생들의 해결책들을 공개 시연하자 … 148
마지막 생각들 … 151

부록 160

해결사 학교의 비전	160
해결사 학교를 위한 목적, 비전, 사명, 약속 선언문	161
해결사 학교의 중요 요소들	164
해결사 학교의 핵심 가치	165
해결사적 기초 지식, 능력 및 성향	167
참고 문헌	171
감사의 말	181
인도적 교육 연구소(Institute for Humane Education) 소개	183
작가에 대하여	184
역자 소개	186

용어 정의

● **해결사**(solutionary, 명사)

1. 모든 이해관계자들에게 실용적이고 효과적이며 비전 있는 해결책을 개발하는 사람. 이를 위해 비인도적이고 지속 불가능하며 착취적인 시스템들을 발견하고, 이 '시스템들을 회복적이고 건강하며 공정한 것으로 바꾸는' 사람
2. '한 집단에 주는 도움이 다른 집단에게는 피해가 되지 않는' 긍정적인 변화를 창조하는 사람. 이를 위해 지식과 기술을 제공하여 시급하고 깊이 자리 잡은 문제에 대처하는 사람
3. 인간뿐 아니라 동물 및 환경에 '최대의 이익과 최소의 피해'를 주는 선택을 하는 사람. 이를 위한 지원 시스템을 만들기 위해 노력하는 사람

● **해결사적인**(solutionary, 형용사)

1. 한 집단에 주는 도움이 다른 집단에게는 피해가 되지 않는 전략적이고도 포괄적인 문제 해결 방식을 갖거나 그러한 특성이 있는
2. 모든 이해관계자에게 긍정적인 방식으로 혁신적이고 거대한 영향을 불러일으킬 수 있는

| 편지 |

사랑하는 4학년 학생들에게

안녕. 우리는 중학교 1학년이야. 너희들이 해결사로서 첫 발을 내디딤에 있어서, 너희들이 하는 일이 이 세상을 변화시킨다는 것을 기억하고 이 과정을 즐길 줄 알았으면 해. 우리 또한 해결사 프로젝트를 막 시작했는데, 정말 놀라지 않을 수가 없었어. 우리는 많은 것을 배웠고, 너희들이 세상을 위한 해결책을 찾을 때 알았으면 하는 것들을 알려주려고 해. 첫째, 아무 일이라도 좋으니 삶에서 각자가 정말 사랑하고 열정을 불터일으키는 관심사를 골라 봐. 그런 다음에는 그 관심사를 세상에서 진짜로 일어나는 문제와 연관시켜 봐. 그 다음 단계는 매우 도전적인데, 그 문제가 영영 없어지도록 고칠 방법을 찾아야 해. 어렵게 들리지? 물론 그럴 수 있어. 하지만 충분히 할 수 있어.

너희들의 해결책은 지구의 모든 존재에 대해 친절한 것이어야만 해. 너희들이 문제 해결을 위해 얼마큼 노력했는가와 상관없이, 그 해결책이 사람뿐 아니라 환경, 동물 혹은 그 어떤 것이라도 해치지 않아야 한다는 걸 명심해야 한다는 뜻이야. 해결사의 해결책은 단순히 문제를 줄이는 것이 아니라, 문제의 근원까지 파고들어 그 근원부터 고쳐 나가야 하는 거니까. 어렵게 들리겠지만 분명히 가능해!

세상을 더 나은 곳으로 바꾸는 일을 시작하기에 앞서, 우리는 너희들 모두가 목적과 열정을 간직하면서 긍정적인 위험을 즐겁게 감수했으면 좋겠어. 언젠가는 너희들이 직접 만든 세상의 변화들을 뒤돌아보면서 미소 지을 날이 올 거야. 나이와 상관없이 우리 같은 아이들도 세상을 바꿀 수 있다는 사실에 놀랄 거야! 문제 해결사로의 여정에 행운을 빌며 꼭 성공하기를 기원할게. 만약 실패한다 하더라도, 그 실패를 발판 삼아 계속해서 나아가야 해. 우리는 너희들 모두와 함께 일하면서 너희를 알아가고 싶어. 우리가 함께 더 나은 세상을 만들 수 있도록 말이야! 끝으로, "달을 향해 쏴. 만약 맞추지 못했더라도 너는 별들 사이에 있게 될 거야"라는 노먼 빈센트 필(역자주: 긍정적인 사고의 창시자로서, 세계적인 동기부여 연설가이며 작가)의 말을 전할게.

마음을 담아,

        중학교 1학년 안젤라 오시-아파두로부터

| 들어가며 |

저는 공정하고 건강하며 인도적인 세상을 만드는 게 가능하다고 믿고 있습니다. 이런 세상은 에너지, 식품, 교통수단, 생산, 건설 및 모든 시스템이 지속 가능한 세상입니다. 또한 빈곤이 끝나고 모든 사람이 동등한 권리를 갖는 세상입니다. 저는 우리가 폭력 없이 갈등을 해결할 수 있다고 믿습니다. 사람과 동물을 존중과 연민으로 대하며, 멸종 속도를 늦추고, 생태계를 복원하는 법을 배울 수 있다고 믿고 있습니다. 30년간의 경험을 토대로 저는 이러한 비전을 이루기 위한 명확하고 실용적이며 긍정적인 길이 있다고 믿고 있습니다. 이 책이 바로 그 길을 공유합니다.

'학교 교육'이라는 단 하나의 시스템을 효과적이고 지혜롭게 다룬다면, 우리가 만나는 문제들에 대한 해결책이 나타날 것입니다. "진정한 세계 평화에 도달하기 위해서는 …… 아이들부터 시작해야 합니다"라고 마하트마 간디 Mahatma Gandhi는 말했습니다. 아이들 교육은 모든 시스템의 뿌리입니다. 아이들과 세상을 위해 저는 다음과 같은 것들을 해야 한다고 믿습니다.

1. 실제 세상과 더욱 관련이 있으며 의미가 있는 학교 교육 목표을 채택하기
2. 학교를 현실 세계 중심적이고 해결사 중심적으로 만들기
3. 학생들을 해결사로 교육할 선생님들을 준비시키기

만약 이 세 가지 목적을 성공적으로 달성한다면, 그것은 번성하는 지구와 인간의 시대를 여는 최고의 희망이 될 것입니다. 인도적 교육자 (Humane educator, 역자주: 저자는 인간뿐 아니라 동물, 환경까지 아울러 고려하므로 인간적 교육자 대신에 인도적 교육자로 번역)로 일해 온 저는 학생들을 해결사로 준비시키는 데 교육의 힘이 지대하다는 믿음을 갖게 되었습니다. 여기서 **해결사란 긍정적인 변화를 만들기 위해 지식과 기술을 활용하여 시급하거나 깊게 자리 잡은 문제에 도전하는 사람을** 말합니다. 인도적 교육자들은 환경 보존, 인권, 동물 보호 등 상호 연결된 주제들

에 대해 가르칩니다. 또한 환경, 인간, 동물들에게 더 건강한 세상을 만들기 위해 양심적인 선택지를 만들어 내고, 모두가 참여하는 변화를 창조하도록 지식과 도구, 동기를 제공하는 것을 목적으로 합니다. 1980년대 후반부터 1990년대 중반까지 저는 여러 학교들을 방문하여 발표, 수업, 방과 후 강좌를 진행했습니다. 이를 통해 연간 약 만여 명의 중고등학생들에게 인도적 교육 프로그램을 지도했습니다. 제가 가르쳤던 거의 모든 곳에서 학교 클럽이 시작됐거나, 시민권리를 위해 진정성 있게 참여하는 모습과 적극적인 기여를 하는 학생들이 생겼습니다.

제 프로그램이 영향력을 끼치는 것을 보는 것은 보람 있었지만, 이는 학교 교과 과정의 핵심이기보다는 보충 수업일 뿐이었습니다. 미국 및 다른 나라들의 교육 방식이 크게 바뀌지 않는 한, 우리가 마주한 도전들을 해결하기는 힘들 것이라고 깨달았습니다. 그래서 저는 1996년 인도적 교육 연구소 Institute for Humane Education, IHE를 공동 설립했습니다. 인도적 교육 연구소의 주요 목적은 다음과 같은 사람들에게 전문성 개발 및 교육을 시키는 것입니다. 즉, 상호 연결되어 있는 지구촌 문제들을 가르치기를 원하는 사람들, 교육 과정과 수업을 현실 세상과 연결시켜 더 많은 의미를 담고 싶은 사람들, 자신의 학생들을 현명하고 사려와 연민이 깊은 문제 해결사로 준비시키고 싶어 하는 사람들을 교육시킵니다. 인도적 교육 연구소는 미국 최초로 인도적 교육 종합대학원을 만들었고, 현재 발파라이소 대학교 Valparaiso University와의 제휴를 통해 온라인 교육이 제공되고 있습니다. 또한 연구소는 전 세계 교육자들을 위해 워크샵과 온라인 강좌를 열고 있고, 수상경력을 가진 무료 리소스 센터도 만들었습니다.

인도적 교육 연구소 IHE의 목표는 오늘날의 세상에 적합한 교육 변화를 촉진해서 학생들이 효과적인 해결사가 될 수 있게 하는 것입니다. 또한 교육자와 학교가 그러한 변화를 완전히 수용하고 구현할 수 있도록 도구와 자원, 사전 준비를 제공하는 것입니다. 이 책의 목적은 이러한 목표를 달성하고 구현하는 방법에 대한 아이디어와 사례를 제공함으로써, 독자들이 건강하고 인도적인 미래를 이룩하는 데 중대한 역할을 할 수 있게 준비시키는 것입니다.

'해결사 중심 학습'을 구상하는 방법:
네 가지 이야기

12세인 애나벨은 신이 나서 학교에 도착했습니다. 애나벨과 같은 반 친구들은 다음 질문에 대한 답을 찾고 있었습니다. "어떻게 패스트푸드 햄버거와 유기농 사과의 가격이 같을 수가 있을까?" 애나벨은 이와 관련된 농업, 정치, 정부, 기업, 그리고 경제 시스템에 대해 다양하게 배우는 것이 재미있다고 생각했습니다. 그래서 식품 가격에 영향을 주는 많은 요소들을 조사했습니다. 이 과정에서 애나벨은 비판적 사고와 시스템적 사고, 독해, 수학, 시민 참여, 연구 방법 기술을 습득하게 되었습니다. 또한 언론에 대해서도 알게 됐고, 광고 심리학이란 것도 깨우치게 되었습니다.

애나벨과 친구들은 해롭고 지속 불가능하게 생산된 식품에 주어지는 정부 보조금 관련 법 개선안을 개발하고 있습니다. 그래서 하원의원 및 상원의원들과 곧 있을 약속을 잡아 놓았습니다. 애나벨은 의원들에게 발표할 자료를 준비하고 있으며, 자신의 지식과 관점, 아이디어를 의원들과 나누기를 열망하고 있습니다.

28세의 키이샤는 얼마 전 화학 박사학위를 받고, 전자 산업에서 쓰이는 소재 개발 회사에 취업했습니다. 키이샤의 연구는 전자 부품의 독성 제거 그리고 기계가 수명을 다 했을 때의 재활용 방법 및 생분해성 재료 개발에 초점을 두고 있습니다.

키이샤는 중학교 2학년 때부터 화학에 흥미를 느끼기 시작했습니다. 그 계기는 학교의 일주일 치 쓰레기를 조사하는 과제에서 비롯됐습니다. 선생님은 쓰레기통에 들어 있는 각각의 쓰레기를 어떻게 하면 줄일 수 있을지를 물었습니다. 즉, 다른 제품을 선택하면 이 쓰레기들을 줄일 수 있을지, 또는 쓰레기를 재사용하거나 퇴비로 만들거나 재활용할 수 있는지를 물었습니다. 키이샤는 주스 대신에 수돗물을 마시거나, 플라스틱 또는 스티로폼 포장 물건을 사지 않는다면 폐기물을 줄일 거라는 걸 알고 있었습니다. 하지만 키이샤는 주스를 아주 좋아했고 과포장된 물건도 사고 있었습니다. 쓰레기를 줄이는 방법에 대해 토론하면서, 키이샤는 용기와 포장이 음식물 쓰레기처럼 퇴비가 되어 흙으로 바뀔 수 있다면 좋겠다는 생각을 했습니다. 선생님은 훌륭한 아이디어라고 칭찬했고 그런 목적을 달성하려고 하는 회사들이 있다는 걸 알려주었습니다.

키이샤는 친환경적인 포장을 개발하는 발명가에게 연락해서 더 많은 것을 배우고 싶다는 흥미를 내비쳤습니다. 이런 발명가와의 대화, 선생님과의 토론, 그리고 자기주도 연구를 통해 화학에 대한 강한 흥미를 키웠습니다. 그리고 학교 공부와 발명가 밑에서 인턴을 병행하면서 화학 공부를 계속 해 나갔습니다. 중학생 때 심어져서 고등학교와 대학교를 거치며 길러진 씨앗은 이제 의미 있고 매우 가치 있는 직업으로 변했습니다.

―◇◆◇―

7세인 일라이자는 학교 근처 공원에 있습니다. 부드러운 솔잎 더미 위에 엎드려 두 손으로 턱을 괴고 있었습니다. 주위는 너무 조용해서 모든 숲속 동물들의 소리를 듣고 관찰할 수 있었습니다. 불과 몇 미터 떨어진 곳에서 다람쥐 한 마리가 버섯을 잘근잘근 씹고 있었습니다. 넋을 잃고 다람쥐를 바라보다가 딱따구리 소리 때문에 집중이 흩어졌습니다. 나무에 부리를 두드리는 딱따구리를 관찰하려고 몸을 뒤집어서 등을 땅에 대고 누웠습니다. 몇 분 후, 비어 있는 딱따구리 구멍에서 자고 있는 부엉이를 발견하고는 함박웃음을 지었습니다.

숲에서 처음 시간을 보냈을 때는 이런 것들을 알아채지 못했습니다. 실제로 선생님이 처음으로 반 아이들을 공원에 데려왔을 때, 일라이자는 몸을 배배 꼬며 불평했었습니다. 그러나 시간이 지나면서 관찰력이 늘었고, 공원을 방문하는 게 가장 좋아하는 일 중의 하나가 되었습니다. 공원에서 학교로 돌아가는 동안에, 일라이자는 반 친구들과 각자의 관찰 결과와 질문들을 나눴습니다.

이날 일라이자가 궁금해 했던 것은 다음과 같습니다.

- 어떻게 다람쥐는 인간에게 독이 될 수 있는 버섯을 먹을 수 있을까?
- 왜 딱따구리의 뇌는 그렇게 세게 나무를 때려도 망가지지 않을까?
- 왜 부엉이는 한낮에 자고 있을까?

아이들은 벽에 기다란 질문 목록을 붙였고, 책, 인터넷 검색, 그리고 선생님 및 공원의 동식물 연구가와의 대화를 통해 이 질문들에 어떻게 답할지를 터득했습니다. 가끔씩 같은 질문을 가진 학생들이 협력해서 답을 찾기도 했습니다. 대개 답은 더 많은 질문으로 이어졌습니다. 숲 견학을 할 때마다 아이들의 지식은 늘어났고, 호기심도 높아졌으며, 자연 세계에 대한 존경과 감사의 마음도 깊어졌습니다. 일라이자와 친구들은 공원과 그곳에 사는 동물들을 보호하는 데 도움을 주는 방법도 배우고 있는 중입니다.

18세인 레이몬은 정의 justice라는 주제에 대해 열성적인 고등학교 졸업반 학생입니다. 그는 학교에 다니면서 인권 문제 공부에 전념해 왔습니다. 세계 곳곳에서 일어나고 있는 현대판 노예, 아동 노동, 이주 농장 노동, 소녀 및 여성 인권 박탈과 억압에 대해 몇 년에 걸쳐 연구와 프로젝트를 진행해 왔습니다. 이런 문제들을 배우게 되면서 레이몬은 사람들을 교육하는 일에 관여하게 됐습니다. 시인으로서 학교 안팎의 사람들에게 사회 정의에 관한 시 낭독 퍼포먼스를 선보였고, 그의 유튜브 동영상 중에는 수만 회의 조회 수를 자랑하는 것도 있습니다.

고등학교 2학년 말에 레이몬은 집에서 가까운 어

떤 문제에 특별한 관심을 갖게 되었습니다. 그는 미국의 수감률이 세계에서 가장 높으며, 전 세계 수감자의 20% 이상이 미국 교도소에 수감되어 있다는 사실을 알게 되었습니다.[1] 레이몬은 현재 매주 10시간을 회복적 사법 분야의 멘토와 함께 인턴으로 일하고 있습니다. 이를 통해 범죄자들이 교도소에서 단순히 복역하는 것 대신 자신들이 끼친 해를 복구하도록 돕고 있습니다. 인턴십의 일환으로, 레이몬은 대마초 판매로 복역하고 있는 고등학교 자퇴자인 대릴의 개인교사가 되었습니다. 대릴은 동갑이라, 레이몬이 고등학교를 졸업할 무렵에 대릴도 검정고시를 치를 수 있도록 도왔습니다.[2] 대릴을 지도하는 과정에서 레이몬은 가르치고 듣는 기술을 습득했고, 골치 아픈 사회 문제를 바라보는 관점 또한 보다 섬세하고 지혜로워졌습니다.

레이몬은 대학을 졸업하고 법학전문대학원에 진학

---

1   에섹스 대학교(University of Essex)의 파트너인 국제 감옥연구 센터에서 발행한 세계 수감인구 목록 10판에서 발췌.
2   16세 이상의 학교를 다니지 않는 사람이 치를 수 있는 미국의 고등학교 검정고시는 GED(General Educational Development)라 하며, 여기에 합격하면 고등학교 졸업과 동등한 자격을 제공한다.

하려고 합니다. 장래 직업에 대해 묻자 그는 판사가 되고 싶다고 말합니다. 그는 형사 사법 제도에 긍정적인 영향을 끼치고 싶어 합니다. 구금과 처벌을 넘어서서, 원상 복귀 및 빈곤의 악순환에서 벗어날 수 있도록 출소자들을 교육 프로그램이나 생산적인 업무에 적극적으로 재진입 시키기를 원합니다. 또한 사회와 사람들을 보호할 수 있도록 형사 사법 제도를 공정하고 효과적이며 인도적으로 변화시키는 데 도움을 주고 싶어 합니다.

―――⋘⋙―――

애나벨, 키이샤, 일라이자, 레이몬, 이들과 같은 다음 세대야말로 더 공평하고 회복적이며 인도적인 세상을 창조하는 열쇠입니다. 우리에게 닥친 도전들을 해결하려면 실제 문제를 해결해 본 경험을 가진, 그리고 배려심과 호기심과 동기가 충만한 사람들이 필요합니다. 과연 이런 사람들을 어디서 찾을까요? 이들은 해결사 세대를 교육할 준비가 되어 있고 이에 헌신하는 학교에서 나올 것입니다.[3]

---

3 저자의 첫 번째 TED 강연인 "세상은 우리가 가르치는 대로 된다"에서 이 개념을 소개하였다. "The World Becomes

교육 제도를 바꾸는 일은 쉽지 않지만, 저는 이것이야말로 건강하고 행복하며 성공적인 사람들로 가득 찬 사회를 만드는 가장 중요하고도 전략적인 길이라고 믿습니다. 그런 사회는 공정하고 평화롭고 지속 가능할 것입니다. **세상은 필연적으로 우리가 가르치는 대로 됩니다.** 따라서 아이들이 물려받고 가꿔 나갈 세상을 진정으로 가치 있게 만들기 위해서는, 우리 모두가 학교 교육 변화에 헌신해야 합니다. 우리가 선생님이든, 학교 행정가이든, 부모이든, 조부모이든, 사회 문제에 관심 있는 시민이든, 입법자이든, 사업가든, 기업의 리더이든, 그 어떤 직업을 가진 사람이든 달입니다.

What You Teach" 〈https://www.youtube.com/watch?v=t5HEV96dIuY〉

Why Schools Must Change

PART 1

왜 학교가 바뀌어야만 하는가?

1부 왜 학교가 바뀌어야만 하는가?

교육에 있어서 근본적인 도전 과제는 무엇인가?

산업화된 국가의 대부분의 사람들은 13년 내지 23년의 정규 학교 교육을 경험합니다. 한 분야의 전문가가 되는 데는 1만 시간의 연습이 필요하다는 대중적 믿음이 있습니다. 이 말이 사실이라면, 이 책을 읽고 있는 대다수의 독자들은 "학교 교육 받기"의 전문가로 간주될 수 있고, 따라서 모두가 학교 교육에 대해 타당한 의견을 갖고 있을 것입니다.

우리는 각자 긍정적이거나 부정적인 편견, 믿음, 그리고 경험을 갖고 있는데, 이를 기반으로 학교와 교육에 대한 의견을 갖게 됩니다. 개인의 관점은 상당 부분 학교에서 겪었던 기억에 의해 형성됩니다. 교육 과정과 교육방법이 꽤 괜찮았다는 기억을 가진 사람이라면, 오늘날의 아이들에게도 꽤 괜찮을 것이라고 생각할 것입니다. 만0 훈육이 엄했던 유년기를 보낸 사람이라면, 요즘의 아이들은 훈육이 부족하고, 관대한 부모들도 문제라고 여길 수 있습니다. 만약 기계적인 암기가 자신에게 효과적이었다면, 새로운 교육방법이 학교 실패의 원인이라고 믿을 수도 있습니다.

또 다른 사람들은 학교를 주로 불안을 일으키고 지루한 곳으로 기억합니다. 오늘날 워낙 배울 기회가 풍부해지고 흥미진진해져서, 전통적인 학교 교육이 시대에 뒤떨어진 것으로 전락하고 있다는 것을 알고 있습니다. 세상은 빠르게 변화하고 있는데 공립 학교는 상대적으로 변화 없이 머물러 있으며, 주변의 풍부한 기회를 활용하여 폭넓은 과목과 기술을 배우고 숙달할 수 있도록 학교와 교육이 실질적으로 변해야 한다고 믿는 사람들이 점점 더 많아지고 있습니다.

어떤 사람들은 학교에 관한 과거 기억보다는 현재 자신의 필요에 의해 관점을 형성합니다. 요즘의 많은 고용주들은 현대의 직업에 대비해 학생들을 준비시키지 못하는 학교에 실망을 금치 못하고 있습니다. 협업, 혁신, 효과적인 의사소통, 비판적 사고, 창조적 사고, 적극성, 자기관리, 빠르게 변화하는 세상에 적응하는 능력과 같은 기술과 자질들이 부족하다고 말입니다.

많은 학부모들은 학교가 예술, 휴식, 체육을 제한하여 아이들을 온종일 책상에 앉혀 두는 것에 속상해하고 있습니다. 본래는 탐구적이고 창조적이며 의욕적이었던 자녀들이 스트레스를 받고 지치고 무관심해지는 것에 낙심하고 있습니다.[4]

다시 말해서, 사람들은 오늘날 학교 교육 상태에 대해 불만족하고, 좌절하고, 슬퍼하고 있지만, 그 이유는 상당히 다양합니다. 교육에 대한 문제, 도전거리들이 너무 많아서 이분법적인 비판은 그냥 일상이 되었습니다. 예를 들어, 교육에 관해 아주 다른 관점을 가진 두 편의 다큐멘터리가 2010년에 개봉되었습니다. 『웨이팅 포 슈퍼맨 Waiting for Superman』과 『레이스 투 노웨어 Race to Nowhere』는 불과 몇 달 차이로 나왔습니다.

---

[4] 그러나 공부양을 더 늘리고, 예술과 체육, 휴식을 줄이려고 하는 변화에 기뻐하는 학부모도 있다. 자녀들이 졸업 후 성공하려면 비록 다른 과목과 학교 경험을 희생하더라도 수학과 읽기 수업이 더 많이 필요하다고 생각하기 때문이다.

그러나 두 영화는 교육 문제에 대해 전형적인 극과 극의 분석을 보여주었고, 분명한 제안은 아니었지만 다양한 해결책들을 암시했습니다. 『웨이팅 포 수퍼맨』은 열악한 수업, 교사 노조, 제한된 수월성, 학교의 엄격한 선택권들을 비판했습니다. 『레이스 투 노위어』는 높은 스트레스와 경쟁, 탈진을 일으키는 학교와 교육 과정을 비판했습니다. 같은 시기에 미국의 학교 교육을 비판하며 나온 두 편의 인기 영화가 단 하나의 비판점도 공유하지 않는다는 게 이상하지 않나요? 학교 교육을 개선하고 교육 문제를 해결하는 데 있어서 이 점은 무엇을 의미할까요?

학교가 아이들을 뒤처지게 하고 있다고 미국의 언론은 종종 보도합니다. 교육 능력 순위를 매기는 국제 학생 평가 프로그램 PISA, Program for International Student Assessment 시험에서 미국 학생들의 성적이 다른 나라보다 떨어지고, 비효과적으로 가르치는 선생님들은 거의 해고되지 않으며, 왕따 문화가 만연하고, 어디서나 부정행위가 일어나고, 아이들의 품성이 부족하며, 너무 많은 학생들이 중퇴한다고 보도합니다. 학교나 행정가나 선생님들을 향한 적대심은 종종 극단적입니다. 그 독설은 명확한 표준을 제시하려는 정부를 겨냥한 것이기도 합니다.

이 책은 학교 교육이 재해석되고 개선될 필요가 있다는 점에 전제를 두고 있습니다. 이 책에서 밝힌 우려들은 교육에 관한 국민 담화에서 듣는 일반적인 비판과 중복되는 면이 있기는 하지만, 그러한 비판과는 근본적으로 다른 그 이상을 제시하고 있습니다. 예를 들면 다음과 같습니다.

- 저는 단지 많은 학생들이 문학, 수학, 과학 등에서 필요한 기술을 배우지 못한 채 고등학교를 졸업한다는 점만을 말하는 게 아닙니다. 혹시 특출한 기술을 갖고 졸업한다 하더라도, 오늘날의 세상과 중요한 지구촌 과제를 해결하는 데 있어서 어떤 설계나 목적 아래 적절하게 교육되거나 준비되어 있지 않다는 것입니다.
- 저는 단지 학교 내 괴롭힘이 심각하고, 친절함이나 책임감, 공감 같은 가치관과 품성이 적절하게 길러지지 않는다는 점만을 말하는 게 아닙니다. 세계 경제를 통해서 우리 일상의 삶은 알게 모르게 불공정, 환경 파괴, 제도화된 폭력 등과 불가분하게 연결되어 있습니다. 따라서 우리가

하는 매일의 선택은 다른 사람뿐 아니라 동물, 그리고 지구 전체의 생태계에 영향을 미칩니다. 이런 세상에서 친절하고 공감하며 책임감 있게 살아가는 법을 학교에서 배워야 하는데, 그렇지 않다는 것입니다.

- 저는 단지 학교에서 부정행위가 만연하다는 점만을 말하는 게 아닙니다. 학생들로 하여금 부정행위를 하고 싶도록 유혹하는 낡은 시스템이 작동한다는 것입니다. 사실상 손끝에서 팩트 체크가 가능한 세상에서는, 학생들이 비판적, 창조적, 과학적, 시스템적, 전략적, 논리적 사고력 그리고 협업과 연구조사 능력을 길러야 합니다. 이 모든 능력들은 부정행위와는 전혀 다른 방식으로 교육됩니다.

- 저는 단지 많은 학생들이 자퇴하고 있다는 점만을 말하는 게 아닙니다. 이 학생들은 학교가 자신과 무관하고 무가치하다고 여기며, 학교를 그만두지 않은 학생들조차도 대체로 관심이 떨어져 나가고 있다는 것입니다.[5]

---

5   이 뮤직 비디오는 의무 교육 과정이 자신들과는 무관해 보이

- 저는 단지 학생들이 평균 이상의 성적을 내지 못한다는 점만을 말하는 게 아닙니다. 우리가 평가를 위해 사용하는 표준화 검사들은 학생들의 진짜 필요를 측정하지 못하며, 학생들이 실제로 요구하는 많은 기술들을 습득하는 데 도움이 안 되는 좋지 못한 도구라는 것입니다.
- 저는 단지 많은 학생들이 빡빡한 일정, 여러 심화수업, 그리고 과외 활동 등으로 과도하게 스트레스를 받고 있다는 점만을 말하는 게 아닙니다. 학생들이 배운 것을 현실 세계에 연결해 보고, 자신만의 열정을 개발하고 추구하며, 진짜 의미 있고 실질적인 성취를 보여줄 기회가 거의 없다는 것입니다.
- 저는 단지 학생 간 성취의 격차가 있다는 점만을 말하는 게 아닙니다. 진짜 문제는 이러한 격차의 주요 원인이 되는 빈곤을 계속 해결하지 못하고 있다는 것이고, 학생들의 미래에 중대한

는 현실로 인해 많은 젊은이들이 느끼는 좌절감을 표현한다. ⟨https://www.youtube.com/ ⟩watch?v=8xe6nLVXEC0⟩

영향을 미치는 성취들을 밝히고 측정하지 못한다는 것입니다.
- 저는 단지 선생님들이 비효과적으로 가르치고 있다는 점만을 말하는 게 아닙니다. 많은 공립 학교 선생님들은 "시험 대비 교육"을 요구받으며, 오늘날의 학생들에게 꼭 가르쳐야 할 상호 연결되어 있는 지구촌 문제들에 관해 수업하도록 교육받거나 준비된 교사들이 드물다는 것입니다.
- 저는 단지 많은 학교들이 각자 제시한 목표를 달성하는 데 성공하지 못했다는 점만을 말하는 게 아닙니다. 그런 목표의 상당수가 오늘날에는 더 이상 적절하지 않다는 겁니다.

그러므로 현재 학교 문제에 관해 언론이나 정치인들이 제시하는 비명들의 한계를 알아차리고 이해하려면 방송용 짤막한 발언이나 문구 그 이상을 보는 것이 중요합니다. 정치적 동기를 가진 편들기 발언들을 떠나서 교육 문제에 대한 **진짜** 해결책으로 우리의 시야를 돌려야 합니다. 학생들의 미래에 가장 의미가 있고, 선생님이라는 직업에 진짜로 도움이 되며, 우리 아이들이 곧 영향을 미치게 될 세상을 위한 최고의 해결책 말입니다.

무엇이 학교 교육의 목적이 되어야 할까?

미국 학교 교육의 목적은 미국 교육부 웹사이트의 사명 선언문(2016)에 명시되어 있습니다. "*교육의 수월성을 증진하고 평등한 접근성을 보장함으로써, 학생 성취 및 글로벌 경쟁력 준비를 촉진시키는 것*"입니다. 앞으로 해결해 가야 할 지구촌 문제들에 의해 학생들의 미래가 위협받고 있는 이 시점에, 이 사명은 충분하고 적절한가요? 학생들이 마주하게 될 미래의 도전을 해결하기 위한 학습이 포함된 더 포괄적이고 의미 있는 사명문이 낫지 않을까요?

예를 들어, 기후 변화는 미래의 가능성이 아닙니다. 치명적인 잠재적 영향력을 갖고 현재 진행되는 일입니다.[6] 지구상의 많은 종들은 놀라운 속도로 멸종하고 있습니다.[7] 인구는 계속 증가하고 있으며, 전 세계 73억 인구 중 7억 명 이상은 깨끗한 물과 음식을 얻지

---

6 기후변화에 관한 정부간 협의체 보고서 참조: ⟨http://www.ipcc.ch/publications_and_data/publications_and_data_reports.shtml⟩

7 라이브사이언스(LiveScience) 보고서 참조: ⟨http://www.livescience.com/45964-extinction-rates-1000-times-normal.html⟩

못합니다. 25억 명 이상이 기본적인 위생을 보장받지 못하며,[8] 2,500만 명 이상이 노예 생활을 합니다.[9] 게다가 수십억 마리의 육지 동물들[10]과 1조 마리가 넘는 수중 동물들[11]이 매년 지속 불가능하고 비인도적인 글로벌 식품 시스템 때문에 고통받고 죽어가고 있습니다.

이 같은 암울한 현실에도 불구하고, 문제 해결에 있어서 실질적인 진전이 있었고 그 기회도 계속해서 확대되고 있습니다. 예를 들어, 세계 곳곳의 사람들은 수명이 더 길어지고, 물질적으로도 더 안정된 삶을 누리고 있습니다.[12] 기록된 인류 역사상 인간에 대한 폭력이 그 어느 때보다도 적은 시대를 살고 있습니다.[13]

---

8 글로벌 이슈 팩트와 통계 참조: ⟨http://www.globalissues.org/article/26/poverty-facts-and-stats⟩

9 슬레이브스(Slaves) 웹싸이트 참조: ⟨http://www.freetheslaves.net/aboutslavery/⟩

10 미국의 인도적 사회 웹싸이트 참조: ⟨http://www.humanesociety.org/news/resources/research/stats_slaughter_totals.html⟩

11 FishCount.org의 통계 참조: ⟨http://fishcount.org.uk/fish-countestimates#wildestimate⟩

12 시간 경과에 따른 건강 및 재산 추세를 그래프로 그린, 한스 로즐링 국제 보건 교수(Hans Rosling)의 짧은 비디오 참조: ⟨https://www.youtube.com/watch?v=jbkSRLYSojo⟩.

13 하버드대학교의 스티븐 핑커(Steven Pinker) 교수의 책, 『우리 본

금세기에 들어서서 우리는 전 세계의 수많은 사람들과 실시간으로 소통하며 협력할 수 있게 되었습니다. 빈곤이 만연한 나라에서조차 휴대폰을 통해 수백만 명의 전 세계 사람들과 연결할 수 있으며, 다른 사람들이 창조하고 전파하는 지식에 접근할 수 있습니다. 또한 녹색 기술, 건축, 건설, 생산 분야에서도 흥미로운 혁신들이 일어나고 있습니다. 청정에너지 시스템 및 재생 농업이 확대되고 있으며, 각국 사람들은 그동안 다루기 힘들어 보였던 문제들에 대한 해결책을 고안하고 있습니다.

다시 말하면, 오늘날의 세상은 우리 아이들에게 전례 없는 도전과 기회를 선물합니다. 적절한 정보를 얻고, 지식을 공유하며, 도전을 해결하기 위해 함께 작업하고, 보다 공정하고 활기찬 세상을 아이들도 만들 수 있다는 사실이 현실로 일어나고 있습니다. 그리고 이런 능력은 점점 성장하고 있습니다. 지금 우리는 잠재적인 재앙을 마주하고 있습니다. 맞습니다. 그러나 올바른 교육을 통해 우리를 위협하는 문제를 해결할 수 있다는 것 또한 사실입니다. 이 모든 요인을 감

성의 더 나은 천사: 왜 폭력이 줄어들었는가(*The Better Angels of Our Nature: Why Violence Has Declined*)』, 2011) 참조.

안할 때, 학교는 학생들로 하여금 그들 앞에 놓인 거대한 도전들을 이해하도록 돕고, 이러한 도전에 충분히 그리고 잘 대처하도록 준비시키고, 잠재적인 글로벌 재앙에 대한 의미 있는 해결책을 창조하는 능력과 열망을 길러주는 것이 일리가 있지 않을까요?

헨리 데이비드 소로 Henry David Thoreau는 '악의 가지를 천 번 잘라내는 것보다, 뿌리를 한 번에 잘라내는 것이 더 낫다"라고 말했습니다. 이처럼 아이들 교육은 모든 시스템의 바탕이 되는 뿌리 시스템입니다. 그렇기 때문에 학교 교육의 목적을 재검토하고 변화시키는 것은 아주 중요합니다. 만약 학교가 현재 미국 교육부의 사명을 달성하는 것만 성공하여, 그런 능력을 갖고 졸업한 젊은이들이 세계 경제 무대에서 경쟁한다면, 이들은 아마도 우리가 직면한 글로벌 도전들을 지속시키거나 심지어는 더 심화 시킬 가능성이 있습니다. 하지만 공평하고 평화롭고 재생적인 세상을 위해, 그리고 학생들을 참여적이고 지식이 풍부한 해결사로 준비시키기 위해, 아이들의 미래에 더 가치가 있을 사명을 수용하는 목적이라면, 그것은 지구상의 모든 존재에게 혜택을 주는 매우 의미 있고 적절한 목적일 것입니다. 자신이 추구하기로 선택한 진로나 직업 분야에서 일할 때, 앞으로 마주치게 될 문제들을 효과적으로 해결할 수 있는 지식과 기술, 동기가 있다면 훨씬 더 성공적이고 행복할 것입니다. 우리의 세상을 해치는 것은 우리의 아이들을 해치는 것과 같습니다. 마찬가지로, 우리의 세상에 이로운 것은 우리의 아이들에게도 이롭습니다. 이것이 바로 해결사 세대를 교육하는 일에 헌신해야만 하는 이유입니다.

무엇을 가르쳐야 할까?

몇 년 전, 고등학교 졸업반으로 올라가는 똑똑한 학생이 자기의 여름방학 숙제를 말해 주었습니다. 숙제는 역대 미국 대통령의 이름과 임기를 외우는 것이었는데, 이는 우수한 학생들이 다음 학기에 들을 미국 역사 심화 반 배치 준비를 위한 것이었습니다.

이 학생의 주머니에는 미국을 비롯한 모든 나라의 역대 대통령들의 이름과 임기뿐 아니라, 그들이 했던 중요한 연설, 맞았던 위기, 중대한 의사결정 등을 즉시 찾아볼 수 있는 강력한 기기가 있었습니다. 미국의 대다수 고등학생들이 집이나 주머니 속에 휴대전화나 컴퓨터를 갖고 있고, 학교나 공공도서관에서 컴퓨터를 사용할 수 있는데도, 대통령들의 이름과 임기를 외우는 숙제가 역사 수업 대비를 위해 가장 중요하고도 시간을 잘 활용하는 방법일까요?

우리는 전통적인 교과목이나 내용에 대한 애착에서 벗어나 완전히 새로운 눈으로 이 문제를 봐야 합니다. 오늘날 학생들에게 주어진 과학기술과 새로운 기회로 인해, 우리가 학생들로 하여금 습득하기를 원하는 과거의 지식 체계를 재평가하는 것은 가치 있는 일입니다. 하루의 시간은 제한되어 있고, 거의 모든 사실과 정보를 쉽게 구할 수 있는 세상에 사는 요즘의 학생들은 어떤 내용을 습득해야 할까요? 이 질문에 대한 답은 시간의 흐름에 따라 변할 것입니다. 오늘날 중요하게 여겨지는 내용은 다음 세기가 오면 또 다른 지식에 의해 가려져 버릴 것입니다. 이 점이 바로 특정 사실을 외우는 것보다 이해력 및 생각의 습관, 전이능력 (역자주: 한 분야에서 배운 것을 다른 분야에 적용하는 능력)이 더 중요한 이유입니다.[14]

---

14 댄 브라운(Dan Brown)의 '오늘날의 세상에서 사실을 배우는 것의 가치에 대한 한 젊은 남자의 관점'이란 관한 짧은 비디오

우리가 내용에 집착한다는 사실을 재빨리 알아볼 수 있는 생각 실험이 있습니다. 다음 중 모든 아이들이 필수적으로 공부해야 하는 학문은 무엇일까요? 다음 목록을 자유롭게 훑어보십시오.

생물학, 화학, 물리학, 생태학 및 환경 과학, 지질학, 식물학 및 균류학, 천문학, 신경 과학, 동물행동학 및 동물학, 해양학 및 해양 과학, 학문 전반에 걸친 과학적 방법, 기후 변화, 고대 역사, 미국 역사, 북미/중미/남미 역사, 유럽 역사, 중동 역사, 러시아/중앙아시아/동아시아/남아시아 역사, 아프리카/서아프리카/동아프리카/중앙 아프리카/남아프리카 역사, 호주 및 태평양 제도 역사, 원주민 역사, 미술사, 전쟁/평화, 비폭력 운동의 역사, 역사 속 영웅적 지도자와 사회 변혁의 주도자, 역사를 바꾼 발명품, 처음부터 현재까지 인류 역사의 전체적 개요, 지리가 문화에 미치는 영향, 세계의 종교, 기하학, 대수학, 미적분학 및 삼각법, 통계와 확률, 공학, 컴퓨터 공학과 기술, 인류학, 고고학, 심리학, 통치 체제, 돈과 경제,

---

참조: 〈https://www.youtube.com/watch?v=E3jjI15RXtc〉

영미 문학, 극문학, 시, 신화, 음악, 외국어, 세계 문학, 고전, 철학과 인식론, 정의와 인권 운동, 언론과 기타 영향력, 육체 및 정신 건강, 식품 생산, 미술과 디자인, 제품/식품/의류 선택의 실제 비용, 세계화된 세상에서의 지속 가능하고 윤리적인 삶, 사회적 기업가 정신.

이 목록을 읽으면서 무슨 생각이 들었나요? 그리고 어떤 기분을 느꼈습니까? 저는 여러분이 혼란과 불확실함, 압도감을 느꼈기를 바랍니다. 길지만 절대로 완벽할 수 없는 이 목록이 현재 학교에서 가르치는 내용들이고, 여기에 대한 의문을 제기했기를 바랍니다. 또한 우리가 가르치고 있는 것을 **왜** 가르치는지 궁금해 하셨으면 합니다.

학생들이 세계 어느 곳에 사는지, 그리고 그들에게 주어진 기회가 무엇인지에 따라 학교의 필수 과목이 달라져야 한다고 믿습니다. 저는 학생들이 많은 과목을 조금씩 다 배워 둬야 한다고 생각하지만, 어떤 주제는 다른 주제보다 더 필수적이라는 생각이 듭니다. 오늘날 필수가 돼야 하는 주제는 세계화된 세상에서 지속 가능하고 윤리적인 삶, 인류 역사의 개요, 생태학 (역자주: 생물들 간의 관계 및 생활 상태, 환경과의 관계를 과학적으로 연구하는 생물학 분야), 과학 전반에 걸친 과학적 방법론, 심리학, 언론과 기타 영향력, 육체 및 정신 건강, 돈과 경제, 통계와 확률, 그리고 통치 체제 등입니다. 여러분의 생각과 일치할지는 모르겠지만, 제가 제안한 필수 주제의 대부분은 미국 공립 학교의 필수 교과에 포함되어 있지 않습니다. 왜 그럴까요?

이 책을 쓰는 동안 저는 하버드 교육대학원의 데이비드 퍼킨스 David Perkins 교수가 쓴 『미래의 지혜: 변화하는 세상에 대해 우리 아이들 교육하기 Future Wise: Educating Our Children for a Changing World』라는 훌륭한 책을 읽었습니다. 그는 어떤 과목 또는 어떤 내용이 "삶에 가치가 있는지"를 알아내기 위해 재미있는 방법을 고안해 냈습니다. 독자들이 살면서 통찰력, 행동, 윤리, 기회 측면에서 자신에게 상당히 큰 깨달음과 큰 질문을 줬던 주제가 무엇인지를 알파벳을 따라 자유로이 써 보게 했습니다. 그리고 그는 다음 쪽에 직접 A부터 Z까지 이 방법을 시도하였습니다. C로 시작하는 시저 Caesar, 황제 czar, 정복자 conqueror, 강압적 리더십 coercive leadership을 적었습니다. 그리고 정의 justice, 패러다임 paradigm, 부 wealth, 외국인 혐오 xenophobia와 같은 기타 주제들을 적었습니다. 제가 이 방식을 좋아하는 이유는 학생들이 알고 있는 지식의 범위가 매우 넓다는 것이 신속히 드러나며, 학교가 이 모든 분야를 전달할 수 있다는 생각이 어리석다는 게 여실히 드러나기 때문입니다. 퍼킨스는 "기초 교육은 전문성보다는 아마추어 수준의 능력"을 길러주고, "모르고 있던 것을 알지 하는 교육"에 중점을 두어야 한다고 말합니다. 그래서 "적당히 아는 수준"에서 많은 것들을 아는 것이 가치가 있다고 제안합니다.

다양한 학문을 배우고 연구하고 서로 연결시키는 방법을 아는 것은 제한적인 특정 과목을 공부하는 것보다 훨씬 더 중요합니다. 우리 아이들이 삶에서 성공하고, 문제를 해결하고, 끊임없이 배우려면 일종의 인지 기술과 인지 프로세스가 필요합니다. 이런 기술과 능력이 잘 개발되면, 아이들은 앞의 목록을 포함해서 훨씬 더 많은 것을 배울 수 있습니다.

아이들이 개발해야 하는 필수 능력 역시 시대에 따라 변합니다. 그렇기 때문에 현재 세상에서 가장 긴급한 능력이 무엇인지를 질문하는 것이 중요합니다. 산업화된 나라의 대부분의 아이들은 어떻게 먹을 것을 찾고, 집을 짓고, 옷을 만들고, 에너지원을 구하는

지 더 이상 알 필요가 없습니다. 과거에 이것은 필수적인 기술이었고, 오늘날 여전히 필수적인 나라도 있습니다. 이런 기술들은 배워 두면 좋은 것들이고, 지금도 배우고 싶은 아이들이 있겠지만, 그렇다고 모두에게 필수적인 건 아닙니다.[15]

다음은 요즘 대다수의 아이들이 필요로 하는 11개의 필수 기술과 인지 능력입니다. 처음의 두 개는 현재 학교 교육 과정의 공통핵심 중에서 매우 큰 부분을 차지합니다.[16]

1. 효과적으로 읽고, 쓰고, 소통할 수 있어야 한다.
2. 수학적 개념과 통계학을 이해하고 기본 산수를 할 수 있어야 한다.
3. 효과적인 연구를 수행하고 정확성을 평가할 수 있어야 한다.

---

15 사람들 중에는 인류가 수십 년 안에 사회적 붕괴에 직면할 것이므로, 산업화된 국가에서조차도 이런 기술들이 필수적이라고 믿는 사람들이 있다.
16 이 책의 부록에는 정서적 자질뿐만 아니라 개발하고 학습할 가치가 있는 해결사적인 기술들의 목록이 있다.

4. 비판적이고, 창의적이고, 전략적이고, 논리적이고, 분석적이고, 과학적으로 사고할 수 있어야 한다.
5. 시스템을 이해하고, 서로 얽히고설킨 시스템상의 문제의 원인을 알아낼 수 있어야 한다.
6. 상호 연결된 문제들에 대해 현명한 해결책을 설계하고 혁신하며 개발할 수 있어야 한다.
7. 다수의 관점을 평가하고, 폭력 없이 갈등을 해결하는 방법들을 이해할 수 있어야 한다.
8. 과학 기술을 효과적으로 사용할 수 있어야 한다.
9. 독립적으로도, 또한 협력적으로도 일할 수 있어야 한다.
10. 자기 반성, 자기 관리, 자기 평가를 할 수 있어야 한다.
11. 동식물과 환경을 포함해서 자신과 타인에게 최고의 이익과 최소의 피해를 주는 선택을 하고, 그런 선택지를 수용할 수 있어야 한다.

요즘 세상에서 학생들이 가장 필요로 하는 기술과 인지 능력을 밝히고 나면, 이에 따라 적절한 교육 과정을 개발할 수 있습니다. 이미 가득 찬 접시는 더 이상 채울 수 없기 때문에, 전통적인 교육 과정이라는 접시에서 무언가를 덜어내야 합니다. 이는 현재 무엇을 가르치고 평가하는지를 재검토하는 것에서 시작됩니다. 예를 들어, 모든 학생들이 필기체를 쓸 줄 알고 역사적 사건이 일어난 날을 외울 수 있어야만 할까요?[17] 이런 것을 배우기 좋아하고, 이로써 득을 보는 학생들도 분명 있을 것입니다. 하지만 꼭 필요할까요? 필요하지 않다면, 모두에게 이런 능력을 습득하도록 요구하는 게 과연 상식적일까요? 이것들보다는 오늘날의 세상과 더 관련 있는 능력과 기술이 있습니다. 예를 들자면, 코딩 능력, 영화 제작 능력, 윤리적이고 지속 가능한 제품과 서비스 개발 능력, 해결사적인 발명을 위한 메이커 (maker, 역자주: 새로운 기기 제작과 개선을 즐기는 사람) 과학기술의 설계 및 사용 능력, 설득력 있는 발표 능력, 지지 그룹을 이끄는 능력 등입니다.

    궁극적으로 다음의 여덟 가지를 동시에 추구하는 교육 과정 및 교육방법, 학교 문화를 개발하는 것이 우리 학생들과 우리 사회, 우리 세상에 가장 큰 이익일 것입니다.

---

17 역사적 사건이 특정 기간이나 시대에 일어났다는 것을 아는 것은 가치 있을 수 있지만, 특정 날짜를 암기하는 것은 대개 불필요하다.

1. 모두가 실질적으로 필요로 하는 핵심 기술과 사고 역량을 획득하도록 합니다.
2. 대부분의 사람들이 필수적이라고 동의하는 주제들에 대한 지식을 습득하도록 합니다.
3. 가치가 있는 주제를 폭넓게 소개하고, 간학문적인 방식(interdisciplinary way, 역자주: 여러 다른 학문 분야 간에 연결된 연구 방식을 말함)으로 사고할 수 있게 많은 과목의 기초를 제공합니다.
4. 한 학문에서 다른 학문으로 지식과 기술을 전이할 수 있는 능력을 갖게 합니다.
5. 모든 학생들이 각자의 흥미와 관심, 재능을 추구하는 능력을 학교에서 기를 수 있도록 교육과정과 교수법을 개인화시킬 공간과 시간을 만듭니다.
6. 학생들이 창조성을 표현하고 기르며, 육체적, 정신적 건강을 유지하고 개발하도록 합니다.
7. 호기심, 공감, 책임감, 진실성과 같은 정서적 자질을 함양합니다.
8. 해결사적인 자세로 사고하고 행동하는 능력을 기릅니다.

해결사가 되기 위해 꼭 필요한 기술과 능력은 무엇일까?

비판적 사고, 창조적 사고, 시스템적 사고는 앞에서 열거한 핵심 인지 능력에 속합니다. 이 세 가지 능력들이 결합되어 해결사적인 사고의 핵심 역량을 형성하므로, 충분히 강조할 가치가 있습니다.

비판적 사고란 정확히 무엇일까요? 비판적 사고 재단 The Foundation for Critical Thinking은 "신념과 행동의 지침으로써 관찰, 경험, 성찰, 추론 또는 소통에 의해 수집되고 생성된 정보를 능동적이고 능숙하게 개념화하고, 적용하고, 분석하고, 종합하고, 평가하는 지적으로 훈련된 과정"[18]으로 정의합니다. 비판적 사고는 어렵습니다. 저를 포함해서 우리들 대부분은 비판적인 사고 방식에 능숙하지 않습니다.

우리의 지식은 어떻게 습득된 것일까요? 우리는 지구의 나이가 수십억 살이라는 것을 어떻게 알까요? 우

---

18 비판적 사고에 대한 더 많은 정보를 위해서 참조할 사이트: ⟨http://www.criticalthinking.org/pages/defining-critical-thinking/410⟩

리가 원자로 이루어져 있다는 것은? 1918~1919년의 인플루엔자 대 확산으로 제1차 세계 대전 때보다 더 많은 사람들이 사망했다는 것은? 대멸종이 진행 중이라는 것은? 수백만 명의 어린이들이 현재 노예로 일하며 살아가고 있다는 것은? 동물들이 현대의 산업화된 농장과 실험실에서 고통과 괴로움을 겪고 있다는 것은?

위의 말을 입증할 만한 직접적인 증거를 가진 사람은 거의 없습니다. 그보다는 우리가 신뢰하는 연구나 전문가 그리고 언론에 의존하고 있습니다. 또한 가설과 이론의 타당성을 입증하고, 역사적 사실과 현재 사건을 정확하게 알려주는 다방면으로 교육받은 사람들의 집단에 의존합니다.

그러나 안타깝게도 우리는 이미 확립된 믿음 체계를 갖고 있고, 이를 바탕으로 대단히 편향되고 부적합한 정보원을 신뢰하기도 합니다. 따라서 학생들은 증거를 찾고 평가하는 법, 그리고 진짜 사실이 무엇인지를 발견하는 법을 배워야 합니다. 자신의 신념과 반대되는 증거로 도전받을 때 우리는 인지적 부조화를 경험하는데, 이런 불편함을 견디는 법도 배울 필요가 있습니다. 이런 부조화는 여러 가지 이유로 힘들게 느껴집니다.

1. 아무리 강력한 반대 증거가 나오더라도 우리는 깊은 신념을 버리기를 꺼려 하며, 종종 그 증거가 강력하면 강력할수록 잘못된 신념에 더욱 깊이 집착하게 됩니다.
2. 학생들에게 자신이 믿고 있는 기본 가정과 신념에 대해 비판적으로 사고하는 법을 가르치기 위해서는 선생님들 스스로가 엄격하게 그렇게 사고하는 데 충실해야 합니다.
3. 학생들이 비판적 사고에 능숙해지면 부모와는 다른 생각을 가질 수 있는데, 어떤 부모들은 가족 규범이나 신념에 맞서는 자녀를 탐탁지 않게 생각할 수 있습니다. 부모의 불만은 학교와 선생님에 대한 비판으로 이어지기도 하며, 이런 갈등을 피하기 위해 많은 학교는 가능한 한 논란의 여지가 없는 교육 과정을 고수하기도 합니다.

몇 년 전, 어느 중학교에 초대되어 자신과 타인에게 최대 이익과 최소 피해를 주는 선택법에 대한 강연을 했습니다. 저는 강연 중에 학생들에게 "세계에서 가장 큰 문제는 무엇입니까?"라고 물었습니다. 학생들은 이 질문에 대해 각자의 생각을 나눴습니다. 그때

한 학생이 "전쟁"이라고 답했습니다. 저는 전쟁이 문제라는 데 동의했고, 저의 동의는 교장을 긴장하게 만들었습니다. 퇴역 군인 또는 이라크나 아프가니스탄에서 싸우고 있는 학부모들을 화나게 하지 않을까 우려했기 때문입니다. 역설적이게도 전쟁이 문제란 것을 그 누구보다도 잘 아는 사람들은 군인과 참전 용사들입니다.

저의 방문에 화를 낸 부모가 단 한 명도 없었다는 사실 그리고 강연 후에 학생들이 교장에게 했던 말들은 여기서 언급할 가치가 있습니다. 학생들은 자신의 선택과 그 선택이 다른 사람들에 미치는 영향을 관련짓는 것이 중요하다는 것, 각자는 우리가 자랑스럽게 느끼는 메시지의 본보기가 되려고 노력해야 한다는 것, 자신을 내어주는 것은 자신의 기쁨을 증가시킨다는 것을 배웠다고 교장에게 말했습니다. 이 이야기를 하는 이유는 학교 행정가와 정치인들이 논쟁의 여지가 있다고 인식되는 교육과 학습을 막으려는 경향이 있기 때문입니다. 예를 들어, 2015년 웨스트 버지니아 주 하원의원들은 "미국 주 및 지방에서 지리와 역사 기초 교육이 끝나기 전까지는 사회 문제, 경제, 외교, 유엔, 세계 정부, 사회주의 또는 공산주의" 교육을 금지하는 법안을 냈습니다(HB 2107). 이 법안이 통과됐다면 법을 위반한 선생님은 경범죄로 기소되어 벌금형을 받고 해고되었을 것입니다.

이런 법안은 우리 모두를 경악하게 합니다. 고등학교 고학년에서만 필수 과목을 가르친다고 상상해 보십시오. 중요한 세계 문제 및 사회 문제에 대해, 심지어 뉴스에 많이 보도되는 문제조차도 학교 교육 기간 내내 학급 토론을 금지시키는 학교를 상상해 보십시오. 논쟁의 여지가 있든 없든 역설적이게도, 학생들의 삶과 관련된 수많은 문제들을 해결하려고 노력하는 데 학교보다 더 나은 곳은 없다는 것입니다. "사회, 경제, 외교 문제"에 대한 대처도 포함해서 말입니다. 학교와 선생님은 학생들에게 조사와 연구, 분석을 위한 최고의 현장을 제공할 수 있습니다. 학생들이 너무나 양자택일 식으로 인식해 왔던 문제를, 논쟁의 여지가 있는 문제로 바꿔서 새로운 아이디어를 붙이고 의미 있는 해결책을 개발하는 것을 목표로 말입니다. 주제가 학생들의 연령에 적절하고, 선생님과 행정가가 학생들에게 편견을 주입시키지 않으려고 세심한 주의를 기울인다면, 학생들은 양극화된 논쟁을 모두를 위한 문제 해결로 바꾸는 멋진 도전을 할 것입니다. 그럼으로써 사회에 실질적인 이바지를 할 수 있는 잠재력이 개발됩니다. 이에 더해서, 학생들을 해결사로 키우려던 논쟁적인 주제에 관해 탐구하고 끈기 있게 노력하는 것이 허용돼야 합니다. 학생들의 힘으로 이 시대의 심각한 문제들을 해결했던 좋은 사례가 있습니다. 존 헌터 선생님의 세계 평화 게임(John Hunter's World Peace Game, 역자주: 세계의 복잡한 사회, 경제, 정치적 문제를 국가 간의 협력으로 해결하는 것이 목적인 게임)인데, 이 게임에서 4학년 학생들은 평화를 가져다주는 해결책들을 만들어 냅니다.[19]

논쟁을 다루는 열쇠는 바로 진실이 무엇인지를 결정하는 능력입니다. 논쟁적인 문제는 종종 사실이 무엇인지에 대해 서로 상충된 믿음을 갖고 있기 때문입니다. 따라서 추측이나 그릇된 정보로부터 사실을 구분하는 법을 배우는 것이 학교 교육의 필수 목적이 되어야 합니다. 어떤 의견이나 관점, 사이비 과학, 비논리적인 음모론 등이, 타당한 연구 및 신중한 보도, 진짜 과학, 실제적 음모와 경쟁하는 정보화 시대를 헤쳐 나가기 위해서는, 우리 학생들이 도처에 깔린 모든 편

---

19 존 헌터(John Hunter)의 최고 평점 TED 강연 "세계 평화를 게임으로 가르치기" 참조: 〈https://www.ted.com/talks/john_hunter_on_the_world_peace_game?language=en〉

견에 도전할 수 있는 비판적 사고에 숙련된 사람이 되어야 합니다. 학생들 자신의 편견까지도 넘어서서 말입니다.

적극적이고 활발하게 정보를 구하고 지식을 얻을 때, 사람들은 흔히 자신의 새로운 관점을 남들과 공유하고 싶어 합니다. 이럴 때 가끔은 비판적 *사고*가 아니라 비판적 *태*도로 임할 때가 있습니다. 만일 그렇게 한다면 학습과 사고는 큰 타격을 입게 됩니다. 교실 안에서는 예의 바른 대화를 해야 함을 확실히 명심시키고, 바른 의사소통 및 경청 기술을 사용하도록 강조하는 것이 중요합니다. 학생들은 자신의 의견과 신념을 터놓고 표현할 수 있어야 하고, 인기 없는 아이디어와 관점을 가졌다고 해서 소외되지는 않을 것이라고 느껴야 합니다. 학부모들은 자신들과 다른 가치관이나 관점을 가진 선생님들이 자녀들에게 지나친 영향을 미치지는 않을 것이며, 교실이 타인의 신념, 가치 혹은 문화적 전통을 주입하거나 멸시하는 현장이 되지 않을 것이라는 걸 확인하고 싶어 합니다.

학생들이 비판적인 사고를 능숙하게 해야 하는

건 맞지만, 비판적인 사고만으로는 학생들이 마주할 과제들을 풀기에 충분하지 않습니다. 문제 해결을 위해서는 **창조적 사고** 또한 할 줄 알아야 합니다. 비판적 사고는 주로 진실 확인을 위한 것으로, 집중적인 분석과 평가에 초점을 둡니다. 반면 창조적인 생각은 종종 '정답'을 찾고 있지 않을 때, 모든 아이디어를 열어놓고 생각할 때, 장난스럽고 편안한 상태에 있을 때 튀어나옵니다. 창조적 충동은 태어날 때부터 가진 권리임에도, 학교에서는 무덤에 묻히는 경우를 자주 볼 수 있습니다.[20] 학교에서 시각예술, 드라마, 안무, 즉흥 예술, 음악 등의 예술 수업이 중단될수록, 영감과 아이디어의 원천이 되는 창조적인 충동을 두드릴 기회는 더 줄어들 것입니다.

생태적이고 사회적인 우리 세상의 삶은 서로 연결된 시스템들에 의해 움직입니다. 따라서 해결사가 되려면 서로 맞물려서 문제를 일으키는 구성 요소들을 밝

---

20 가장 인기있는 TED 강연 중 하나인 켄 로빈(Ken Robin) 경 아들의 "학교가 창의성을 죽이는가?" 참조: ⟨https://www.ted.com/talks/ken_robinson_says_schools_kill_creativity?language=en⟩

혀낼 수 있는 **시스템적 사고**가 필요합니다. 과학, 통치 체제, 식량 생산, 보건, 경제 등에서 혁명적이고도 긍정적인 혁신과 획기적인 발전을 이뤘음에도 불구하고, 인간은 시간이 지남에 따라 점점 더 심각한 문제를 일으키는 견고하게 상호 연결된 시스템들을 발전시켜 왔습니다. 가장 효과적이고 효율적이며 강력한 시스템들은 굉장한 기회와 자유를 가져다줬고, 엄청난 고통과 불의를 덜어주었습니다. 이와 동시에 현재의 에너지, 생산, 운송, 농업, 정치, 경제 시스템은 우리 앞에 끊임없이 위기와 도전 과제들을 내어놓습니다.

만일 문제를 개별적으로 해결하려고 한다면, 여러 시스템 속에서 서로 불가분하게 연결된 또 다른 문제를 악화시킬 가능성이 있습니다. 모두의 이익을 고려하는 것은 쉽지 않지만, 한 집단에는 도움을 주면서 또 다른 집단에는 피해를 주는 부분적인 해결책을 피해야 합니다. 다음은 한 가지 문제를 줄이면서 다른 문제를 악화시켰던 미국의 해결책 사례입니다.

- 우리는 인간에게 더 큰 번영을 주기 위해 경제를 확장해 나가는 가운데 더 많은 자원 고갈과 오염을 일으켰습니다.

- 인간이 생산을 늘리고 식품 비용을 줄이는 시스템을 개발하는 가운데, 환경 파괴적인 농업 시스템과 동물에게 잔인하고 자원 집약적이며 오염이 심한 사육장을 만들었습니다.
- 더 낮은 소비자 가격을 유지하여 시장 경쟁력을 높이고 수입을 늘리기 위해 기업은 개발도상국에 생산을 맡기곤 합니다. 그 결과로 우리는 근무 조건을 효과적으로 감독하고, 해외에서 의류, 식품, 전자제품 등을 생산하는 사람들에게 최저 생활임금을 보장받게 하고, 공정하게 대우하고, 안전한 환경에서 일하도록 보장하는 능력을 잃어버렸습니다. 게다가 현대의 공급망은 우리가 구매하는 많은 상품의 생산에 노예와 아이들을 이용하지 않았다는 것을 보장하지 못합니다. 또한 이러한 외부 조달은 국내의 일자리 상실을 의미합니다.
- 인간 환경에 흘러 들어오는 화학 물질의 안전성을 확인하는 과정에서, 우리는 수백만 마리의 동물들에게 치사량의 화학 물질을 강제로 먹이는 고통스러운 독성 실험을 해 왔습니다.

서로 연결되어 있는 견고한 시스템의 문제를 제기하고 바꾸는 것은 도전적인 일입니다. 사회 전체가 중앙집중식 에너지 그리드 (역자주: 발전소부터 송배전을 거쳐 수요자에게까지 전력이 공급되는 '전력망' 시스템)와 같은 특정 시스템을 중심으로 조직돼 있을 때, 화석 연료처럼 우세한 시스템에서 덜 집중적인 시스템(예를 들어, 태양열, 조석, 풍력)으로 옮겨가는 것은 어려운 과제입니다. 이런 시스템을 바꾸는 것은 정치나 경제 시스템과 같은 또 다른 시스템 때문에 쉽지 않습니다.

그러므로, 학생들이 상호 연결된 문제들에 대해 종합적이고 깊이 있게 사고하며 시스템적으로 현명하게 해결하도록 준비시켜야 합니다. 그러려면 여러 가지를 연결해 보고, 지금의 문제를 해결하는 동안 새로운 문제를 일으키지 않는 해결책들을 찾도록 교육해야 합니다. 학생들은 복잡하고 상호 연결된 시스템들을 이해하고, 신중하게 평가하며, 시스템적 사고와 변혁을 하는 사람이 되어야 합니다.[21] **진정으로 효과적인 해결사가 되려면 비판적이고 창조적이며 시스템적인 사고의 세 가지 인지 능력이 결합되어야 합니다.**

---

21 2부에서 시스템적인 사고 역량을 개발하는 방법들이 논의된다.

교육에서는 어떤 시스템의 변화가 필요한가?

하나의 사회로서, 학교 안에는 우리가 거의 검토하지 않았던 많은 시스템들이 있습니다. 검토를 안 했던 이유는 그 시스템을 만들 때 상당한 지혜가 이미 들어갔을 거라고 종종 가정했기 때문입니다. 다음은 미국의 일반적인 학교 시스템과 관행 중의 일부분입니다. 하나씩 읽으면서 이 시스템이나 관행들이 우리의 목적, 즉 학생들이 미래를 위해 공부하고 준비하며, 더 지속 가능하고 공정한 세상을 만드는 데 가장 효과적으로 참여하는 데 도움이 되는지 자문자답해 보십시오. 우리는 과연 다음처럼 해야만 할까요?

- 우리들이 가르치는 핵심과목을 수학, 과학, 언어, 사회의 네 가지 범주로 나눠야 할까요?
- 학교 교육 내내 똑같은 내용을 똑같은 나이대에게 똑같은 방식으로 가르쳐야 할까요?
- 한 교시를 약 45분의 짧고, 구체적이고, 예측 가능한 시간 간격으로 나눠야 할까요?
- 특별한 연결성 없이 무작위로 수업 시간표를 짜

야 할까요?
- 주로 표준화 시험과 성적으로 학습을 평가해야 할까요?
- 학생들의 표준화 시험 점수를 바탕으로 학교와 선생님을 평가해야 할까요?
- 주로 세금으로 공립학교 비용을 대는데, 그것이 부유한 지역의 학생들에게도 혜택이 돌아감으로써 오히려 빈곤층 지역의 학생들에게 사용될 기금을 제한하는 처사는 아닌가요?
- 월요일부터 금요일까지, 오전 8시에 시작해서 오후 3시에 끝나고, 여름에는 방학을 하는 방식으로 학교를 운영해야 할까요?
- 굳이 학교 건물 안에서만 배워야 할까요? 교육 과정과는 또 다른 즐거움을 주는 현장 학습과 인턴십, 멘토십 기회가 드물지 않은가요?
- 모범 되고 실천할 가치가 있는 조직적 의사결정 원칙을 지키는 '학교 민주주의'를 회피하지는 않나요?

이런 만연된 시스템과 관행은 오랫동안 존재해 왔습니다. 하지만 오늘날의 세상에서 학생들이 수행해야 할 중요한 역할과 책임에 대해 알려면, 각각을 재검토

할 필요가 있습니다. 다음 부분에서는 학생들에게 더 적합하고 더 의미 있으며, 미래를 더 잘 준비시킬 수 있는 새로운 시스템과 교육 방법에 대한 아이디어를 소개할 것입니다. 한 가지 좋은 소식은, 현재 많은 학교, 선생님, 행정가, 학부모가 지역사회에서 학교를 변화시키고 있고, 혁신적인 프로그램 및 교육 방법을 만들고 있다는 것입니다. 안 좋은 소식은, 이런 진취적인 계획이 지방 또는 국가 정부 수준에서 대규모의 실천 가치가 있는 모델로서 아직은 인식되지 않는다는 것입니다. 게다가 학생들을 실제 문제 해결사로 교육하는 데 헌신하는 몇 안 되는 학교조차도 학생들이 모든 인류, 모든 종 및 생태계를 지속시키는 답을 찾도록 교육하는 데 중점을 두기보다는, 사회적 정의나 환경과 같은 단일 관심사에 초점을 두고 있습니다. 학교 개혁을 하려는 시도는 무수히 많지만, 그 성격과 비전에 비춰 볼 때 모두가 포괄적이라고 말할 수는 없습니다. 그렇기 때문에 지금이야말로 학생 개개인의 진짜 필요를 충족시키는 동시에, 모두에게 보다 공정하고, 건강하며, 인도적인 세상을 만드는 데 기여하는 사람을 키우는 교육 과정과 교육방법 및 학교를 상상하고 개발해야 할 때입니다.

Educating Young People to Be Solutionaries

PART 2

학생들을 해결사로 교육하기

2부 학생들을 해결사로 교육하기

공정하고 인도적이며 건강한 세상이 가능하다는 것을 가르치자

몇 년 전, 코네티컷 주의 한 사립학교에서 5, 6학년 학생들을 대상으로 강연을 한 적이 있습니다. 학생들은 지금 세계에 어떤 문제들이 있는지를 발표했고, 저는 그것들을 화이트보드에 받아 적었습니다.[22] 그리고

---

[22] 이 학생들이 작성한 목록은 중고등학생이나 성인들이 작성한 목록과 매우 비슷했다. 세상의 재난으로부터 어린이들을 보호하는 것이 중요하다고 사람들은 강조하지만, 실제로는 십대 어린이들조차도 심각한 글로벌 문제에 대해 이미 알고 있을 정도로 보호하지 못하고 있다.

그 문제들을 우리가 해결할 수 있다고 상상하면 손을 들라고 했습니다. 교실에 있던 45명가량의 아이들 중 몇 명만이 손을 들었습니다. 교육자인 저의 경력에서 가장 혼란스러운 순간 중 하나였습니다. 저는 속으로 생각했습니다. *이 학생들이 우리의 문제를 우리가 해결한다는 것을 상상조차 할 수 없다면, 어떻게 이들에게 문제 해결을 시도하도록 자극할 것인가?*[23]

저는 만 열 살, 열한 살의 학생들에게 일말의 희망을 주기 위해 무엇이라도 해야만 했습니다. 그들에게 눈을 감고 편하게 앉아 심호흡을 하라고 한 후, 나이가 들어 삶의 끝자락에 도달한 스스로의 모습을 상상해 보라고 했습니다. 깨끗한 공기와 물이 있고, 전쟁, 빈곤, 인간이나 동물에게 학대가 없는 세상을 생생하게 그리도록 친도적이고 번영한 미래를 설명했습니다. 이 상상은 이 책을 쓰기 시작했을 때 제가 그렸던 그림과 비슷한 것이었습니다. 그런 후에 그들에게 다가가는 한 아이의 모습을 상상해 보라고 했습니다.

---

23 범죄가 많고 기회가 한정된 빈곤 지역에 사는 아이들이 이런 절망적인 반응을 보였다면 이해할 수도 있었겠지만, 부유한 동네의 사립학교에 다니는 아이들조차 이런 반응을 보였다는 것이 매우 혼란스러웠다.

이 아이는 학교에서 역사를 배우면서 세상이 어떻게 이토록 크게 변했는지를 알고 싶어 합니다. 아이는 "지금의 보다 나은 세상을 위해 당신은 어떤 역할을 하셨나요?"[24]라고 묻습니다. 이 질문에 어떻게 대답할지를 학생들에게 묻는 것으로 상상을 마쳤습니다. 학생들은 여전히 눈을 감은 채로 있었고, 저는 그들에게 다시 물었습니다. 우리의 문제들을 우리가 해결하는 모습을 이제는 상상할 수 있다면 손을 들라고 말입니다. 이번에는 몇 명만이 손을 들지 않았습니다.

이로써 저는 학생들이 느끼는 대부분의 냉소와 실망이 그리 깊지 않다고 믿게 되었습니다. 적어도 빈곤, 폭력, 억압 아래 있는 학생들이 아니라면 말입니다. 밝은 미래에 대한 그들의 믿음은 냉소라는 겉모습 바로 아래에 여전히 있기 때문에, 아이들의 실질적인 희망을 밖으로 꺼내 주는 일은 선생님, 부모, 조부모, 멘토, 그리고 더 평화로운 세상을 지지하는 우리들의 책임입니다.

모두를 위한 인도적이고 건강한 세상을 만들기 위해서는 수많은 환경적인 피해를 복구해야 하고, 많은

---

24 조예가 깊은 생태학자이자 활동가이고 교육자인 조애나 메이시(Joanna Macy)의 시각화 자료를 참고하여 설명하였다.

시스템들을 바꿔야 합니다. 때로는 우리 앞에 놓인 일이 부담스럽기도 하겠지만, 그것은 해낼 수 있는 일입니다. 하지만 사실상 모든 사람이 이런 노력에 참여할 필요는 없습니다. 인류학자 마가렛 미드 Margaret Mead는 "사려 깊고 헌신적인 작은 시민 집단이 세상을 바꿀 수 있다는 것을 결코 의심하지 마십시오. 실제로 지금까지 세상을 바꿔온 유일한 것은 바로 그 작은 집단입니다"라고 말했습니다. 필요한 최소의 사람들이 공평하고 연민이 가득하고 지속 가능한 시스템을 만드는 한, 다른 사람들은 그 개발에 자신이 관여했든 아니든 간에 흔쾌히 이 시스템을 활용하는 데 동참할 것입니다.

우리는 공정하고 인도적이며 건강한 세상이 가능하다는 믿음을 학생들에게 심어주도록 노력을 기울여야 할 것입니다. 그래야 최대한 많은 해결사들의 영감을 불러일으키고 성공 가능성을 높일 수 있습니다. 이런 점을 전제로 교육에 임한다면 학생들은 그들 앞에 놓인 흥미롭고 도전적이며 의미 있는 일에 온전히 열정적으로 참여하고 싶은 충분한 이유를 찾을 것입니다. 이 과정에서 자신이 하는 일이 아주 중요하다는 것을 마음속 깊이 알게 될 것입니다.

우리 모두가 불가분 하게 연결되어 있고, 우리 선택의 결과와 공동의 미래에 각자 책임이 있다는 것을 학생들이 확실히 이해하게 하자

1963년에 마틴 루터 킹 주니어 Martin Luther King Jr.는 『버밍엄 감옥에서의 편지 Letter from Birmingham Jail』라는 책에 "우리는 운명이라는 옷 한 벌에 묶여, 빠져나갈 수 없는 상호 관계망에 붙잡혀 있다"고 썼습니다. 이 말은 특별히 사회적 정의에 관해 쓴 말이지만, 모든 상호 연결된 시스템에도 적용됩니다. 우리가 부주의하게 "상호 관계망"을 무시해서 내린 사회적인 결정은 부정적인 결과를 낳게 됩니다. 우리는 2008년 미국에서 갚을 능력이 없는 사람들에게 주택담보대출을 하여 전 세계의 경제를 마비시키는 것을 보았습니다. 오늘날 미국과 중국에서 대기로 내뿜는 온실가스는 몰디브의 해수면을 상승시켰습니다. 항생제에 대한 박테리아의 저항성도 증가하고 있는데, 이는 식용으로 기르는 동물에게 항생제를 과도하고 무분별하게 사용해서 발생한 것이며, 그 고기를 먹는 전 세계 사람들의 건강을 위험에 빠뜨리고 있습니다.

남을 해롭게 하려는 의도를 가진 사람은 그리 많지 않습니다. 의도와는 상관없이, 그 결과를 알든 모르든 간에 우리의 선택은 고통과 파괴를 불러올 수도 있습니다. 그렇기 때문에 학생들이 상호 연결된 삶을 인식하고, 우리 선택의 결과에 대해 책임 공유 의식을 갖도록 학교에서 교육하는 것이 중요합니다. 자신과 직접적으로 교류하는 이들에게만 친절을 베풀도록 가르치는 것으로는 충분하지 않습니다. 오늘날의 세상에서는 모든 결정을 할 때 친절한 선택을 하는 법을 가르치는 것도 중요합니다. 그리고 어른들 스스로도 친절함을 배워야 합니다.

'연결성을 인식하기'와 '시스템을 고려해서 생각하기'를 어떻게 가르쳐야 할까요? 저는 **진짜 가격** True Price 활동을 제안합니다. 이 활동은 시스템적 사고와 해결사 중심의 활동입니다. 언어, 과학, 수학, 사회 등 어떤 과목에도 적용할 수 있습니다. 이는 과목, 단원, 혹은 프로젝트의 기초로 쓰일 수 있으며, 여러 과목을 아우르는 간학문적 프로그램의 핵심이 될 수도 있습니다. **진짜 가격** 활동에서 학생들은 의류, 전자 기기, 식품, 음료 등 일상의 물품을 놓고 다음과 같은 질문을 합니다.

1. 이 제품이 자신과 타인, 동물, 환경에 미치는 긍정적인 영향은 무엇이고, 부정적인 영향은 무엇인가?
2. 이 제품을 지지하고, 홍보하고, 지속시키는 시스템에는 어떤 것들이 있는가?
3. 어떤 해결책이 더 유익하고 덜 피해를 끼치겠는가? 또한 건강하고 인도적이며 공평한 선택이 일상적으로 이뤄지려면 어떤 시스템들이 바뀌어야 하는가?

다음은 대부분의 산업화된 나라에서 흔히 팔리는 패스트푸드 햄버거를 갖고 이 활동을 한 사례입니다. 보다시피 **진짜 가격** 질문에 대한 답변은 조사와 연구가 수반되고 긴 시간이 걸리는 과정이기 때문에, 저는 맛만 살짝 보여드리겠습니다. 이렇게 묻고 답하는 과정을 공유하는 목적은 두 가지입니다. 학생들로 하여금 일상의 선택이 생태적, 사회적 시스템과 어떻게 연결되었는지를 이해하도록 돕고, 또 그러한 선택 및 시스템의 결과에 대한 책임감과 연민 의식을 기르는 방법론과 기법을 제공하는 것입니다.

자신과 타인, 동물, 환경에 미치는 패스트푸드 햄버거의 긍정적인 영향과 부정적인 영향은 무엇인가?

패스트푸드 햄버거가 주는 긍정적인 영향이 분명히 있기 때문에 학생들이 답하는 데는 어려움이 없을 것입니다. 소비자의 관점에서 패스트푸드 햄버거는 저렴하고 든든하며 맛도 좋고 편리합니다. 햄버거 생산은 수백만 개의 일자리를 만들었고, 패스트푸드 산업에 퇴직 연금을 투자한 사람들을 포함해서 수백만 명의 재산을 늘렸습니다. 반면에 패스트푸드 햄버거는 다음과 같은 영향도 줍니다.

- ☑ **건강에 해롭다**: 패스트푸드 햄버거는 높은 포화지방, 염분, 콜레스테롤, 열량, 화학 잔류물을 포함하고, 식이 섬유가 적습니다. 자주 먹으면 심장 질환, 중풍, 체중 증가, 비만, 당뇨, 암 등으로 이어질 수 있다는 유력한 증거가 많습니다.[25]
- ☑ **환경 파괴적이고 낭비가 심하다**: 2006년 UN 식량농

---

25 뉴욕 타임즈 칼럼니스트 마크 비트만(Mark Bittman)의 "버거의 진짜 비용" 출처: ⟨http://www.nytimes.com/2014/07/16/opinion/the-true-cost-of-a-burger.html?_r=0⟩. 이 섹션의 뒷부분에서 더 많은 링크와 자세한 각주가 있다.

업기구는 육류 생산업이 운송업이나 제조업보다 기후 변화에 더 큰 원인을 제공한다고 보고했습니다.[26] 또한 동물에게 먹일 사료 작물 생산을 위해 뿌린 농약과 살충제, 비료가 물에 녹아 유출되어 심각한 수질 오염을 일으킵니다. 그리고 육류 생산은 식물성 단백질 공급원보다 훨씬 더 많은 토지, 물, 화석 연료를 필요로 합니다.

- ☑ **비인도적이다**: 대부분의 다진 소고기는 더 이상 우유를 생산하지 못하는 젖소로부터 얻습니다. 매년 임신하기와 하루 만에 새끼 빼앗기기를 반복하는 이 소들은 자연적으로 생산하는 양의 5배 내지 10배의 우유를 강제로 생산하게 됩니다. 이는 종종 유방염 및 기타 질병을 일으켜 사료에 항생제를 첨가할 수밖에 없게 됩니다. 몇 년 후 생산력이 떨어지고 절름발이가 된 이

---

[26] 사이언티픽 아메리칸(Scientific American)에서 "육류가 어떻게 지구 온난화의 원인이 되는가" http://www.scientificamerican.com/article/the-greenhouse-hamburger/〉 참조. 또한 식물성 식단을 권장하는 "소비와 생산의 환경적 영향 평가"라는 2015년 유엔 보고서 〈http://www.unep.org/resourcepanel/Portals/24102/PDFs/PriorityProductsAndMaterials_Report.pdf〉 참조.

소들은 도살장으로 보내집니다. 그곳에서는 컨베이어 벨트가 너무 빨리 움직이기 때문에 어떤 소들은 의식을 잃기도 전에 거꾸로 다리가 묶여 들어올려져 죽임을 당합니다. 도살 작업은 종종 작업자들에게도 비인도적입니다. 작업 환경이 매우 위험할 뿐만 아니라, 많은 노동자들은 그들의 인권이 침해되었을 때 건강보험이나 구제 신청권을 주장할 수 없는 불법 체류 노동자들입니다.

패스트푸드 햄버거를 지지하고, 홍보하고, 지속시키는 시스템들은 무엇인가?

이러한 문제에도 불구하고, 에너지, 농업, 정치, 경제, 교통, 광고 등 다양한 시스템이 지지하는 환경 속에서 패스트푸드 햄버거는 어디에서나 흔한 것이 되었습니다. 그런데 패스트푸드 햄버거의 저렴한 가격 속에는 진짜 비용이 숨어 있습니다. 햄버거 회사는 입법자에게 영향력을 행사하기 위해 산업 로비를 하거나 선거운동 기부를 통해 정부 보조금을 얻습니다. 육류 생산자에게 주는 이 보조금 덕분에 사료 생산, 물, 방목지, 운송 및 화석 연료 등에 들어간 전반적인 비용이 희석되고, 소비자는 햄버거를 싸게 살 수 있습니다.[27] 결국 우리가 낸 세금이 이런 보조금을 위해 사용되는 결과를 낳습니다 (역자주: 미국은 육류 생산자에게 막대한 보조금을 주기 때문에 채소나 곡물 등 다른 식자재 가격이 오르는 데 비해 햄버거 가격은 상대적으로 상승 폭이 적다). 또한 건강에 끼치는 나쁜 영향은 다시 세금과 건강 보험료를 올립니다. 정부 보조금 덕분이 아니라면 패스트푸드 햄버거는 훨씬 비쌀 것입니다. 심지어 많은 주에서 육류 섭취를 비하하는 것을 범죄로 정했는데, 이런 법률 시스템도 패스트푸드 햄버거를 홍보해 주는 셈입니다.

더 유익하고 덜 피해를 끼치는 해결책은 무엇인가? 그리고 건강하고 인도적이며 공평한 선택이 일상적으로 되려면 어떤 시스템들이 바뀌어야 하는가?

이 질문은 해결사 사고와 행동에 있어서 가장 중요한 질문입니다. 패스트푸드 햄버거를 대신할 단순한 해결책

---

27 이것이 이 책의 [들어가며]에서 애나벨이 다루고 있던 "왜 유기농 사과와 햄버거 가격이 같을 수가 있을까"란 질문에 대한 이유이다.

을 생각해 내는 것은 어렵지 않으며,[28] 이미 많은 학생들이 그렇게 하고 있습니다. 학생들은 더 유익하고 덜 피해를 끼치는 대안식품으로 목초지에서 사육한 소로 만든 홈메이드 버거나 차소 버거 혹은 콩과 쌀을 제안합니다.

그러나 건강에 좋고 인도적이고 편리하고 저렴한 음식을 만들기 위해 바꿔야 하는 **시스템**을 제안하는 것은 모두에게 매우 어려운 일입니다. 이러한 시스템을 밝혀 내기 위해 학생들은 앞서 말한 것들 외에 많은 시스템들을 연구해야 합니다. 햄버거 그림을 중앙에 그리고, 거기서부터 여러 선을 뻗어 다양한 시스템들을 연결하는 마인드맵을 신속하게 완성합니다. 정치, 경제, 법률, 기업, 산업, 광고, 에너지, 운송, 세금 보조금, 보건 의료 및 건강 보험, 교육, 농업, 도시 계획, 쓰레기 처리 등 많은 사회 시스템들이 패스트푸드 햄버거와 이어집니다. 이토록 많이 상호 연결되어 있는

---

[28] 패스트푸드에 대한 더 인도적이고 지속 가능하며 건전한 대안을 찾는 것은 어렵지 않지만, 전자제품과 같은 다른 품목이 진짜 가격 활동에 사용될 때 이 질문은 매우 어려울 수 있다. 왜냐하면 진정으로 지속 가능하고 인도적이며 공정한 컴퓨터나 휴대전화는 없기 때문이다. 이것이 이 세 번째 질문 중 두 번째 부분인 시스템을 바꾸는 것에 초점을 맞추는 일이 필수적인 이유이다.

시스템들을 진짜로 변화시킬 수 있는 진정한 해결책은 무엇일까요? 즉, 실제로 시스템에 영향을 미칠 수 있는 지렛대는 무엇일까요?

이 질문에 대해 유일한 답은 없습니다. 만약 있었다면, 우리는 진작 이런 시스템을 변화시키고 문제를 해결했을 것입니다. **진짜 가격** 활동의 마지막 질문에 대한 답을 더 깊이 연구해 보기 위해 다른 질문을 드리겠습니다. 이 질문은 인도적 교육 연구소 IHE에서 개발한 6주짜리 중등학교용 '시스템 중심 및 해결사 중심 교육 과정'의 바탕이 되는 질문입니다.[29]

미국의 주요 사망 원인이 멕시코 만의 사각지대 dead zone와 무슨 연관이 있는가?[30]

멕시코 만 사각지대가 생긴 원인에 관한 정보를

---

29 ⟨http://www.humaneeducation.org/ihe-deadzone-unit/⟩에서 이 단원을 다운로드할 수 있다.

30 이 질문은 오벌린 대학(Oberlin College)의 데이비드 오어(David Orr) 교수가 그의 저서 『마음속의 지구: 교육, 환경, 인간 전망에 대해(*Earth in Mind: On Education, the Environment, and the Human Prospect*)』에서 제기한 질문을 수정한 것이다.

찾는 것은 어렵지 않습니다. 미국의 주요 사망 원인을 찾는 것 또한 쉽습니다. 그러나 상호 연결된 깊은 시스템들 사이에서 두 가지 문제에 모두 기여하는 인과 관계를 발견하려면 헌신적인 조사와 연구, 분석이 필요합니다. 연구 과정의 개요는 다음과 같습니다.

학생들은 연구를 통해 멕시코 만의 사각지대는 미시시피강이 바다로 흘러가는 지점에 있다는 걸 발견합니다. 그곳은 주로 농업수(하수도 약간 포함) 유출로 인한 높은 질소와 인 오염 때문에, 바다의 산소가 고갈되어 생명을 유지할 수 없는 저산소 지역으로 변합니다. 사각지대는 날씨에 따라 매년 늘었다 줄었다 합니다. 미시시피강을 끼고 있는 지방에 가뭄이 들면 사각지대가 줄어들고, 홍수가 나면 사각지대가 늘어납니다. 더 깊이 있는 조사를 하면 미시시피강의 질소와 인 오염의 원인이 되는 많은 시스템이 드러납니다. 원인 시스템은 다음과 같습니다.

- 질소 및 인계 비료를 사용하는 **단일 재배 농업**
- 동물에게 먹일 사료 작물을 소비하는 **공장식 사육 시설 (CAFO)**. 이 사료 작물들은 미시시피강으로 흘러드는 수로가 있는 지방에서 생산되는 경우가 많

습니다. 사료 작물은 곡물이 육류로 전환되는 비율이 낮기 때문에, 인간이 직접 먹기 위해 재배하는 작물보다 훨씬 더 많은 비료를 사용합니다.
- 콩, 견과류, 신선 과일 및 채소와 같이 직접 소비 목적으로 재배된 유기농 식물성 식품보다 고도로 가공된 비료 집약적 패스트푸드와 정크푸드의 마케팅을 선호하는 **광고**
- 에탄올 생산[31]에는 질소와 인이 많이 든 옥수수 비료를 쓰는데, 이런 에탄올 생산을 지지하는 **정치 시스템 및 에너지 시스템**

---

31 연료 선택지로 에탄올 생산이 소개되었을 당시에는 좋은 아이디어처럼 보였다. 에탄올은 화석 연료에 대한 의존도를 낮추었고, 예측할 수 없는 세계 석유 시장에 대한 대안을 제시했다. 미국은 보다 자급자족할 수 있고 재생 가능한 자원을 사용해서 에너지를 생산하고, 외국 석유에 대한 의존도를 줄이며, 환경적으로 지속 가능한 선택을 하기를 희망했다. 그러나 에탄올 생산은 질소 및 인 기반의 비료를 유출했고, 옥수수 생산으로 산림을 전환하여 산림이 제공하는 탄소 흡수원을 줄임으로써 온실 가스 배출량을 증가시키는 하는 등 부정적인 영향을 미쳤다. 많은 과학자들이 모든 연결된 시스템을 면밀히 조사한 결과, 에탄올 생산은 의도했던 것과는 정 반대로, 전체 온실 가스를 감소시킨 것이 아니라 실제로 증가시켰다는 결론을 내렸다. ("에탄올 생산은 하나를 생산하기 위해 6개 유닛의 에너지를 소비한다", Science Daily, April 1, 2005: 〈http://www.sciencedaily.com/releases/2005/03/050329132436.htm〉 참조).

- 미 수정헌법 제 1조가 보장하는 '자유'를 기업으로 확대한 **경제 및 법률 시스템**. 즉, 기업과 로비스트들은 선거운동 기부금을 통해 입법자들에게 영향을 미칠 자유가 있으며, 그 결과 환경 파괴적이고 에너지 집약적인 식품의 구입 가격을 낮추는 데 세금 보조금이 쓰이고 있습니다.

미국의 주요 사망 원인 1위는 심장질환이고 그 뒤를 바짝 쫓고 있는 2위는 암입니다. 5위와 7위는 각각 중풍과 당뇨입니다.[32] 아동에게서도 놀라운 속도로 늘고 있는 제2형 성인 당뇨,[33] 심장질환, 몇몇의 암,[34] 중풍의 주요 원인 중 하나는 식습관입니다. 미국의 해로운 식습관에 영향을 주는 시스템을 연구하던 학생들은 멕시코 만 사각지대의 원인으로 확인된 많은 시스템들이 미국인들의 불건강과도 동시에 관련이 있다는

---

32 2013년 질병통제예방센터(CDC) 수치: ⟨http://www.cdc.gov/nchs/fastats/leading-causes-of-death.htm⟩

33 메드스케이프 소아 2형 당뇨병 보고서 참조: ⟨http://reference.medscape.com/article/925700-overview⟩

34 2015년 10월 세계보건기구(WHO)의 국제 암 연구기관 보고서 참조: ⟨http://www.iarc.fr/en/media-centre/pr/2015/pdfs/pr240_E.pdf⟩

것을 발견합니다. 또한 질병의 예방보다는 치료를 선호하고, 자사 제품 홍보를 위해 기업이 학교에 영양 교육 과정을 제공할 수 있게 허용하는 등의 법률, 경제, 정부 시스템을 선호하는 의학교육 및 보건의료 등의 많은 시스템도 미국인의 불건강에 한몫을 합니다.

앞의 사항들은 사각지대와 대중의 건강 문제를 연결하는 시스템에 대해서 겉면만 훑었을 뿐입니다. 이제 저는 문제 확인과 시스템 사고를 위해 무엇을 해야 하는지, 즉 우리가 만든 교육 과정을 활용해서 학생들이 어떤 것을 탐구하게 될지에 대해 맛을 보여주려 합니다. 문제의 근본 원인을 결정하고, 충분히 조사하고, 다른 사람들이 제시한 방식을 연구하고, 다양한 접근 방식이 초래할 결과를 밝히고 나면, 학생들은 인간, 동물, 그리고 환경을 위해 인도적이고 공정하며 지속 가능한 근본적인 해결책을 찾을 준비가 된 셈입니다.

학생들의 해결책, 작업 내용, 결과에는 어떤 게 있을까요? 상당 부분은 그들이 연구를 통해 무엇을 알아냈는지, 그들의 개인적 흥미 및 재능이 어디에 있는지에 달려 있습니다. 다음은 학생들이 할 수 있는 몇 가지 예입니다.

- 학생들은 에너지, 선거운동 자금, 광고 및 세제 보조금 시스템에 대한 변경 및 개선 방안에 관해 공무원들에게 제안할 법률 초안을 작성할 수 있습니다(조사, 작문, 시민 참여 및 대중연설 기술 습득).
- 공교육을 통해 농업 시스템 문제에 대응할 수 있습니다. 인간과 환경에 이롭고 동물에게 인도적인 식품 수요를 증가시키며, 위험하고 지속 불가능하며 비인도적인 식품 수요를 감소시키기 위해, 건강에 좋고 인도적이며 지속 가능한 식품 생산에 대해 다른 사람들을 가르칠 수 있습니다(조사, 지지, 의사소통 기술 습득). 어떤 학생들은 학교 내 시스템을 다룸으로써 식당이나 자판기 메뉴를 변경시키는 작업을 할 수 있습니다. 다른 학생들은 학교나 지역사회에서 채소밭을 만들 수도 있습니다(공동체 활성화, 설계, 식물학 생태학, 토양학, 영양, 식품 생산 기술 습득).
- 혁신가, 과학자, 전문가들의 자문을 구하거나 그 밑에서 인턴으로 근무해 볼 수 있습니다. 관련 분야는 재생 가능하고 지속 가능한 농업 시스템을 만들고 있거나, 몸에 좋고 저렴하며 맛있는 식물성 단백질을 개발하고 있거나, 깨끗하

고 재생 가능하며 비용 효율적인 에너지 옵션을 생산하는 분야입니다(과학, 수학, 경영, 공학, 혁신 기술 습득).

이제 **진짜 가격** 이야기로 돌아가 봅시다. '건강에 좋고 인도적이며 환경적으로 지속 가능한 음식을 보편화하기 위해 어떤 시스템을 바꿔야 하는가'라는 세 번째 질문에 대한 답은 바로 앞에서 설명했던 작업들로부터 찾은 해결책들에 달려 있습니다.

학생들은 자신과 사회가 택할 선택지를 분석하고, 문제에 대한 시스템적인 해결책을 창조적이고 협력적으로 개발할 수 있는 기회를 제공받을 때, 우리 모두가 생태학적으로 그리고 사회학적으로 불가분 하게 연결돼 있다는 것을 깊이 이해하게 됩니다. 또한 미래에 가치있는 실생활 경험을 얻고, 자신의 일상 선택이 다른 이들에게 영향을 미친다는 것을 깨닫게 됩니다. 그리고 목적 의식이 있는 기여 활동에서 오는 기쁨으로 보상받고, 우리 공동의 미래에 대해 책임감이 깊어집니다. 이 모든 작업을 하는 과정에서 읽고 쓰는 능력, 계산 능력, 과학, 의사소통, 비판적 사고 능력도 같이 발달됩니다.

해결사적인 해결책을 개발하는 방법을
학생들에게 이해시키자

"어린 영웅 kid heroes"이라는 키워드로 웹 검색을 해보면, 대단한 일을 해내는 멋진 아이들을 찾을 수 있습니다. 그들의 이야기를 읽고, 그들에게서 너그러움을 배우며, 그들의 넘치는 친절과 연민 의식을 알게 되는 것은 매우 감동적입니다. 하지만 이 어린 영웅들 중 많은 수가 애초에 고통, 부당함, 파괴를 초러오는 **시스템**을 바꾸는 노력을 하지 않았다는 사실을 알 수 있습니다. 그리고 어떤 사례에서는 한 집단을 돕는 동안 또 다른 집단에 피해를 주기도 했습니다.

저는 방금 전 "세상을 구하는 아이들"과 "어린 영웅들"을 검색해 보았는데, 다음은 아이들의 공헌에 대해 찾은 수백 개의 이야기 중 일부입니다. 이 목록을 훑어 내려가면서 어느 사례가 진짜 근원적으로 문제를 해결한 것인지, 즉, 사람, 동물 혹은 환경 모두에 피해를 주지 않는 방식으로, 근원적이고 시스템적으로 문제를 해결했는지를 생각해 보기 바랍니다.[35]

---

35 이상적인 해결사적 해결책은 사람, 동물 및 환경에 모두 좋은

- 푸드 뱅크에 식료품을 기부하는 것
- 개발도상국에 학교를 열기 위해 모금하는 것
- 지금보다 적은 비용으로 투석 기계를 설계하는 것
- 노숙자 보호소에 담요를 기부하는 것
- 개발도상국에 가축을 보내기 위해 모금하는 것
- 췌장암, 난소암, 폐암의 조기 발견 검사를 개발하는 것
- 씨월드에서 고래 포획에 반대하는 시위를 조직하는 것
- 자연 재해 복구를 위한 기금을 마련하는 것
- 건강 자선 단체 기금 마련을 위해 로데오를 개최하는 것
- 학교가 고기 없는 월요일을 채택하도록 캠페인을 펼치는 것

전 세계의 아이들이 하고 있는 선행은 아주 많아 여러 쪽의 목록을 작성할 수 있습니다. 이렇듯 너그러운

것이다. 그러나 해결책들이 항상 세 집단 모두를 다루지는 않는다. 한 집단에 대한 해결책이 해결사적이려면 나머지 두 집단에게도 해를 끼치지 않아야 한다.

마음에서 우러나오는 선행이 장려될 필요가 있다는 것은 분명합니다. 하지만 여러분이 알아챘으면 하는 것은, 모든 선행이 **시스템**을 다루지는 않았다는 점, 일부의 선행은 의도하지는 않았지만 동물에게 해를 끼쳤을 수도 있다는 점입니다(예: 로데오, 가축 제공). 자선이나 기부는 근본적인 시스템을 직접 다루고 변화에 기여하지 않는 이상 문제의 원인을 해결하지 못할 것입니다.

예를 들어, 만약 기후 변화를 일으키는 근본 시스템들을 무시한다면 화재는 더 이상 자연재해라고 부를 수도 없을 정도로 일상적인 일이 될 것입니다. 만약 사람들이 빈곤을 탈출하도록 돕는 시스템을 개발하지 않는다면 우리는 언제까지나 원조를 해야 할 것입니다.

단순한 해결책과 해결사적인 해결책을 구분하는 것은 쉽지 않을 수 있습니다. 아래 이야기를 읽으면서 이것이 해결사적인 해결책인지 자문해 보십시오.

2015년 5월, 뉴스에서는 음식물 쓰레기와 배고픔 문제를 동시에 해결하려는 어느 청년의 선행을 보도했습니다. 그의 아이디어는 자원 봉사자들의 도움을 받아 음식점에서 버려질 음식들을 가난하게 살고 있는 배고픈 사람들에게 갖다주는 비영리 단체를 운영하는 것이었습니다. 그는 음식점에서 폐기된 음식을 자신의 수프 키친 (soup kitchen, 역자 주: 배고픈 사람들에게 음식을 무료 또는 아주 싼 가격으로 제공하는 곳)으로 운반하는 급식소 프로그램을 만드는 데 성공했습니다.

이 아이디어는 과연 해결사적인 해결책일까요? 만약 그러하다면, 초급, 중급, 고급 중 어떤 순위를 매기겠습니까? 이 아이디어는 확실히 특정 지역의 사회 문제를 해결하고 많은 사람들을 돕기는 했지만, 빈곤과 굶주림을 지속시키는 시스템 및 음식 쓰레기를 지속시키는 시스템 문제를 해결하려고 했나요?

전 세계에서 생산되고 낭비되는 과잉 식량을 기아에 허덕이는 수억 명의 사람들에게 매일매일 전달한다 하더라도, 우리는 빈곤, 엄청난 소득 불평등, 지속 불가능한 농업 관행, 그리고 식량 생산으로 인한 비료와 오염 문제 등 **시스템** 문제를 여전히 해결하지는 못할 것입니다. 저는 개인적으로 이 청년의 비영리 프로그램이 어느 정도는 해결사적이라고 생각합니다. 창업자의 노고에 박수를 보내며, 그와 자원봉사자들이 하고 있는 일에 대해 기쁜 마음을 가지고 있습니다. 하지만 이 정도 수준에만 머무는 것은 충분하지 않습니다. 높은 수준의 해결사적인 해결책을 개발하는 일은 우리 사회의 주요 목적 중의 하나가 되어야 합니다. 앞에서도 얘기했듯이, 학생들이 해결사적인 해결책을 고안하도록 준비시키는 것이 학교 교육의 기본 목표가 되어야 합니다.

현실 세계 문제를 중심으로, 간학문적인 학습을 구성하자

대개 학생들은 학교에서 수학, 과학, 문학, 사회를 개별 교과목으로 공부합니다. 교과서나 컴퓨터 프로그램을 통해 수학을 배우고, 다른 교과서와 컴퓨터 프로그램으로 생물학을 배우고, 『허클베리 핀의 모험』을 읽으며 문학을 배우고, 또 다른 교과서로 유럽 역사를 탐구합니다. 매 45분마다 종이 울리고 학생들은 교과마다 생각 모드를 완전히 바꿉니다. 과목 간의 지속성이나 연관성, 공통된 맥락을 찾아보기 힘듭니다. 이런 전형적인 학교 모델은 어떤 측면에서도 실제 돌아가는 세상과 일치하지 않습니다.

해결사 중심적이고 여러 교과를 아우르는 간학문적인 학습을 위해서, 학교는 현재 시급한 **현실 세계 문제를 중심으로 학습을 구성**할 수 있습니다. 즉, 현재 가장 중요한 문제를 쐐기돌 keystone로 삼아서, 그 주제의 안

경을 끼고 여러 교과들을 통합하는 것입니다. 현행 교육 과정 구조를 쉽게 혹은 빨리 변경할 수 없었던 많은 학교들도 따라할 수 있습니다. 다음은 기후변화라는 현실 세계의 문제를 현재의 학교 구조에 맞춰 어떻게 간학문적인 교육 과정으로 만들 수 있는지를 보여주는 예입니다.

과학: 학생들은 기후변화에 따른 온실 효과를 연구하면서 과학에 관한 여러 주제를 배울 수 있습니다. 즉, 대기와 해양의 화학적 변화, 해수면과 기류의 상승, 생태계와 멸종율에 대한 생물학적인 영향, 식물, 곰팡이, 동물의 극지방으로의 이동 등을 같이 배울 수 있습니다. 또한 인간이 지구 온난화에 기여하고 있다고 결론짓는 약 97%의 기후 과학자들이 산출한 데이터를 분석할 수도 있을 것입니다. 그런 다음에는 기후변화를 늦추는 것에 관한 과학적 지식을 바탕으로 새 아이디어를 제안할 수 있을 뿐만 아니라, 학교 전체 차원에서 기후 영향을 줄이기 위한 선택지를 채택하고 지지할 수도 있습니다.

문학: 학생들은 기후 변화에 대한 최신 글들이나 소로의 『월든 *Walden*』과 월트 휘트먼의 미국 자연주의 고전 시, 카밀 던지와 매리 올리버의 현대 시, 이 외에

암울하거나 반대로 이상적인 문학 작품을 접함으로써 언어 예술 능력도 같이 키울 수 있습니다. 이러한 글에 감명을 받아, 학생들은 실제 세계에 의미 있는 영향을 주는 작품 출판을 목적으로 블로그나 사설, 소설, 시 혹은 수필을 쓸 수도 있습니다.

사회: 학생들은 기후변화에 따른 가뭄, 홍수, 겉흙 고갈, 사막화, 삼림 벌채와 같은 환경적 요인이 시간의 흐름에 따라 사회와 문명에 미치는 영향을 탐구할 수 있습니다. 그리고 이러한 역사적 영향을 지금의 현실과 비교하면서 역사와 지리에 대해서도 배울 수 있습니다. 또한 기후 변화와 연관된 정치학, 심리학, 경제학을 배워서, 우리가 일으켰던 변화를 되돌리기 위한 다양한 기법과 방법론에 대해 비판적이고 전략적으로 생각할 기회를 가질 수 있습니다. 이런 활동들을 통해 사회 과목의 핵심을 배웁니다. 기후 변화에 대한 여러 증거와 과학계의 압도적인 동의에도 불구하고, 많은 사람들이 어떻게 그리고 어째서 현실을 무시하는지를 탐구하고, 지속되는 기후변화에 효과적으로 도전하는 능력을 개발할 수 있습니다. 학생들의 해결사적인 노력은 앞서 이 책에서 언급했던 많은 아이디어를 포함할 수 있습니다. 즉, 입법자들을 만나 준비한 제안서를

제시하는 것, 더 큰 공동체와 공유할 교육용 발표 자료를 만드는 것, 공유물 및 출판물을 통해 더 많은 시민들에게 분석 자료를 제공하는 것 등입니다.

수학: 학생들은 기후변화 추세를 분석하기 위해 방정식, 통계, 그래프를 이용해서 수학 함수를 연습하고 개발할 수 있습니다. 양적 연구를 설계하고 실시하며, 비용 효과분석을 수행하고, 기후변화 중심의 수학 문제를 풀 수 있습니다. 또한 시각 예술, 연극, 무용을 창작하고 혁신할 수 있으며, 설계안이나 영화를 제작하거나, 생각을 불러일으키는 흥미로운 공연을 제작할 수도 있습니다.

여기에 모든 학년에게 의미 있는 간학문적인 교육과정을 소개합니다. 이는 개인 학생과 학교 공동체 모두에 긍정적인 영향을 미칠 수 있습니다. 1년에 한 번, 전체 학년이 4주에서 6주 동안 같은 주제를 다룹니다. 에너지 문제를 예로 들어보겠습니다. 어린 학생들은 자기 신체의 에너지, 음식의 칼로리, 그리고 최적의 에너지를 위한 음식 섭취에 대해 탐구합니다. 중학생들은 재생 에너지원을 공부하고 그것을 석탄 및 다른 화석 연료와 비교하면서 지리, 정치, 경제, 과학을 배우고, 수학과 확률을 사용합니다. 고등학생들은 깨끗하고 지속 가능한 에너지 시스템을 직접 개발하는 과학자와 기술자들로부터 배움으로써, 에너지 해결책 제안서 작성을 목표로 독립적인 연구를 수행합니다.[36]

마지막 주에는 배운 것을 축하하는 시간을 별도로 마련해서, 학생들은 자신이 습득한 지식, 밝혀낸 문제, 그리고 해결책들에 대해 학교 및 지역사회와 공유합니다. 이와 같이 학습과 실행(learning by doing, 역자주: 행동하면서 배움)이 함께 일어나는 장면을 상상해 보십시오. 특정 문제에 대한 학생들의 열정에서 영감과 자극을 받아 동참하는 어른들, 학생들의 조사 연구와 프로젝트를 도와 질적으로 향상시켜 주는 지역사회, 문제의 핵심을 찔러 학교에서 일어나는 일이 현실 세상에서 일어나는 일과 어떻게 연결되는지를 보는 짜릿함 등을 말입니다. 이런 연구 주제의 범주에는 어떤 것들이 있을까요? 상상해 보십시오. 다음에 몇 가지 예를 들겠습니다.

---

36 일부 고학년 학생들은 그러한 프로그램에 영감을 받아 태양열 설계 및 설치 분야에서 해결사 경력 인증(부록에 설명됨)을 추구할 수도 있다.

없으면, 우리가 살아갈 수 없는 것들
- 음식과 물
- 에너지, 교통, 집
- 의류와 필수품

지속되는 세계의 문제들
- 오염과 서식지 파괴
- 편견(성차별, 인종차별, 성소수자 혐오, 외국인 혐오 등)
- 폭력, 빈곤, 전쟁

긍정적인 변화를 창출하는 일들
- 갈등 해결과 평화구축
- 윤리적인 선택과 효과적인 변화 창출
- 재생적이고 공정한 시스템 개발

위와 같은 주제들을 이해하고 의미 있게 해결하기 위해서 학생들은 필수적으로 과학 및 수학 지식과 기술을 쌓아야 하고, 역사와 시사 사건에 대해 학습하며, 구두 및 서면 의사소통을 연습해야 합니다. 이와 더불어 타인에게 중대한 영향을 미치기 위해서는 리더십, 목표 설정, 그리고 앞서 강조했던 비판적, 창조적, 전략적, 디자인 및 시스템적 사고 능력을 길러야 합니다. 학생들이 창조적인 충동을 펼쳐 나가도록 격려를 해 준다면, 우리는 이 문제들에 대해 혁신적이고 극적인 반응과 함께 해결책을 만들어내는 학생들의 모습을 볼 수 있을 겁니다. 학생들 역시 보다 큰 연민 의식, 진실성, 책임감을 갖고 살아가려고 노력하는 자신을 만나게 될 것입니다.

―∽―

또 다른 아이디어가 있습니다. 만약 우리가 해결사 중심의 질문을 갖고 있다면 어떨까요? 이런 해결사 중심의 질문들은 유치원부터 고등학교까지의 교육과정 개발에 적용될 수 있으며, 기술 및 지식 습득과 연결돼 있고, 우리 삶에서 진짜 필요한 요구 사항을 다루는 질문입니다. 여기 몇 가지 그런 질문들이 있습니다.

- 어떻게 하면 우리 세상 속에 있는 시스템들이 효과적으로, 윤리적으로, 지속 가능하게 작동할 수 있을까?
- 긍정적 변화는 어떻게 일어나는가?
- 어떻게 하면 인간, 동식물, 환경에게 공정하고 평화롭고 지속 가능한 세상을 만들어 주는 해결사가 될 수 있을까?

이제 각각의 큰 질문으로부터 학생들의 발달 단계에 따라 많은 질문들이 가지를 친다고 상상해 보십시오. 다음은 몇 가지 아이디어입니다. 읽으면서 각 질문이 어느 연령대에 적합한지 고려해 보십시오. 그리고 그 연령대의 학생들이 답을 탐구하면서 무엇을 이해하고 어떤 학문을 배울지 생각해 보십시오.

"어떻게 하면 우리 세상 속에 있는 시스템들이 효과적으로, 윤리적으로, 지속 가능하게 작동할 수 있을까?"라는 큰 질문을 통해, 아이들은 다음과 같은 작은 질문들을 탐구할 수 있습니다.

- 생태 시스템 및 사회적 시스템은 무엇이며 어떻게 연결되는가?
- 우리는 어떤 사회 및 생태 시스템에 의존하고 있는가?
- 한 시스템에서 만들어진 결정이 다른 시스템에 주는 영향은 무엇인가?

"긍정적인 변화는 어떻게 일어나는가?"라는 큰 질문을 통해, 학생들은 이런 작은 질문들을 묻고 답할 수 있을 겁니다.

- 아이디어는 어떻게 개발되고 퍼지는가?
- 과학기술은 긍정적인 변화를 만들려는 우리의 능력을 어떻게 변화시키고 있는가?
- 어떤 종류의 지지 활동과 직접적인 행동이 사회를 더 낫게 바꿀까?

"어떻게 하면 인간, 동식물, 환경에게 공정하고 평화롭고 지속 가능한 세상을 만들어 주는 해결사가 될 수 있을까?"라는 큰 질문을 통해, 학생들은 이런 작은 질문들을 탐구할 수 있습니다.

- 우리의 가장 큰 가치는 무엇이며, 세계화된 세상에서 우리는 어떻게 그것에 맞춰 살고 있는가?
- 해결사적 _____가(이) 된다는 것은 무슨 의미인가? (빈칸을 직업 혹은 하는 일로 채우세요.)
- 어떻게 하면 우리의 신념에 대해 각자 모범이 될 수 있으며, 어떻게 하면 자신과 타인, 동물, 지구 모두에게 가장 이익이 되며 가장 피해를 작게 만들 수 있을까?

학교와 선생님들이 이런 질문들을 직접 던질 수도 있겠지만, 학생들 스스로 질문을 끌어내게 하는 것이 중요합니다. 이 질문들 중 일부는 수업의 공통 주제가 될 수도 있고, 어떤 질문들은 개인의 탐구 프로젝트, 도전 과제, 해결사적 과제가 될 수도 있습니다.

더 나아가 학생들에게 영향을 미치는 현재의 문제들을 연구하기 위해 간학문적인 방식으로 협력하는 교육 과정을 운영한다면, 학생들은 배움을 자신의 진짜 삶과 연결시킬 것입니다. 2001년에 일어났던 911 테러를 생각해 봅시다. 학생들로 하여금 국가와 시민들에게 닥친 중대한 문제를 마주하고 이해하고 고민할 수 있도록 교육 과정을 바꿨나요? 이와 관련해서 선생님들에게 충분한 지원, 지도 및 신뢰를 주었나요? 2005년에 허리케인 카트리나가 미국의 걸프 만과 맞닿은 주들을 강타했을 때, 2012년에 허리케인 샌디가 중부 대서양 연안을 강타했을 때는 어땠나요?

긴급한 세계 문제가 발생했을 때, 그것이 자연재해이든, 집단 학살이든, 테러이든, 전염병의 발생이든, 이에 대해 학교는 어떻게 대응할 것인가요? 학생들을 현실 세계에 대비시키기 위해서는, 선생님들이 협력적이고 의미 있고 대응력이 있는 간학문적인 교육 과정을 만드는 법을 필수적으로 배워야 합니다. 그리고 선생님들에게 충분한 시간과 도구, 자원, 지원, 신뢰가 주어지는 한 이런 교육을 만드는 과정은 매우 창조적이고 신나는 일이 됩니다.

이런 아이디어를 실현하기 위해서는 현재의 전형적인 교과목과 교육 과정의 구조를 다시 생각할 필요가 있습니다. 이런 일을 거대한 공립학교 시스템 안에서 하기는 쉽지 않겠지만, 현재의 시스템을 검토하고 재평가하지 않는다면, 빠르게 변화하며 기회가 풍부한 이 세상에서 우리는 결국 학생들의 배움을 가로막거나 학습 참여도를 줄여서, 미래 준비가 부족한 상태로 학생들을 남겨 두게 될 것입니다.

다양한 교육 방식으로 학생들을 해결사로 준비시키자

교육 과정이 학생들에게 제시되는 지식, 과목, 기술의 *내용*이라면, 교육 방법은 이것을 전달하는 *기법*입니다. 우리 모두는 "무대 위의 현자" 방식에 익숙합니다. 즉 선생님이 교실 앞쪽의 칠판이나 화면 앞에 서서 줄 맞춰 책상 앞에 앉아있는 학생들에게 말하는 전통적인 방식 말입니다. 사실 많은 사람들은 아마도 이 방식을 교육의 정의라고 여길 것입니다. 물론 이런 방식이 유용할 때도 있습니다. 공유할 만한 지식이나 정보를 갖고 있을 때 이를 일방적으로 전달하는 것은 일면 일리가 있습니다. TED 연설의 남다른 인기는 '무대 위의 현자'라는 교육법이 가치 있다는 것을 증명합니다.

하지만 학생들이 지식으로 이어질 정보를 얻고, 현실 세계의 문제 해결로 이어질 기술을 습득할 수 있는 다른 방식도 많습니다. 다음은 "*어떻게 하면 모두가 깨끗한 물을 얻을 수 있을까?*"라는 질문을 중심으로, 다양한 교육방법을 적용해 교육 과정을 구성한 사례입니다. 그 목표가 다음의 기술을 습득하는 것이라고 가정해 봅시다.

- 읽고 쓰는 능력, 계산 능력, 과학적 기법
- 비판적 사고, 창의적 사고, 디자인 사고, 시스템적 사고
- 문제 발견과 문제 해결 능력
- 공감, 의사소통, 협력 능력
- 책임감

여기에 더해, 생태학, 화학, 생물학, 물리학, 통치
학, 윤리학, 사회학, 역사, 수학 및 통계, 지리에 대한
내용 지식을 얻는 것 또한 이 교육 과정의 목표라고 가
정해 봅시다.

교사는 다음과 같은 교육방법을 혼합해서 활용할
수 있습니다.

- **질문을 이용한다.** 학생들로부터 물에 대한 궁금증
  을 이끌어내고 다음과 같은 질문을 제시하고 토
  의합니다: 누가 깨끗한 물에 대한 권리를 갖고
  있는가? 수억 명의 사람들이 왜 깨끗한 물을 얻
  지 못하는가? 물 공급지를 개인이 소유하면 어
  떤 일이 벌어지겠는가? 우리가 닫힌 생태계에 살
  고 있다고 가정한다면, 깨끗한 물은 다 어디로
  사라졌는가? 무엇이 사막화를 일으키는가? 무엇
  이 그렇게 많은 대수층 (역자주: 지하수를 가진 지층)의
  고갈을 일으키는가?
- **독립적인 연구와 조사의 기회를 제공한다.** 학생들에
  게 물에 대해 가장 관심 있는 주제를 찾아보라
  고 합니다. 예를 들어 지역사회의 수질 오염, 개
  발도상국에서 깨끗한 물을 얻기 어려운 이유, 삼

림 벌채와 사막화 및 벌채와 물 획득과의 관계, 물 사유화, 대수층 고갈 등이 연구 주제가 될 수 있습니다. 선택한 주제에 대해 독립적인 연구를 수행하고 연구의 타당성과 신뢰성을 비판적으로 평가하도록 합니다.

- **학습을 위한 체험 기회를 제공한다.** 학생들로 하여금 물 공급지에서부터 최종 목적지까지 물 공급망을 추적하게 하고, 두 곳 모두를 방문하여 깨끗한 물의 운반과 하수 처리를 담당하는 사람들로부터 배우게 합니다. 어떤 학생들은 지역 수로에서 채취한 샘플로 화학 분석을 하고, 다른 학생들은 수돗물과 생수의 화학 검사를 실시해서 비교 분석을 할 수 있습니다.

- **강연자들을 초청한다.** 우물이나 배관이 없어 물을 쉽게 구할 수 없는 환경에서 자란 사람, 물을 사유화하고 있거나 병에 든 생수를 판매하는 회사의 대표, 저렴한 물 처리 기계를 만든 발명가, 수질 오염이나 대수층 고갈이 끼치는 영향에 관한 글을 쓴 과학자, 물 정책 전문가 등과 같은 외부 강연자를 직접 또는 화상회의로 초청해서 학생들이 듣게 합니다.

- **영화 및 다른 멀티미디어를 활용한다.** 아프리카 마을에서 우물을 파려고 애쓰는 어린 소년의 이야기인 『라이언의 우물 Ryan's Well』, 물 사유화가 전 세계에 미친 영향을 보여주는 『블루 골드: 물의 전쟁 Blue Gold: World Water Wars』, 혹은 병에 담긴 생수의 영향을 강조한 『쿨, 물, 물 Tapped』과 같은 영화를 보고 토론합니다.
- **실제 사례를 연구한다.** 깨끗한 물 부족 문제를 해결하기 위해 과거에 했던 도전, 성공, 부분적인 성공, 실패의 역사를 제공하여, 그동안 어떠한 노력들이 있어 왔고 어떠한 장애물들이 등장했는가를 이해하게 합니다. 그런 후에 현실적 맥락에서 자신의 아이디어를 개발할 수 있도록 합니다. 또한 물 부족으로 영향을 받은 사람들의 개인적인 이야기를 통해, 지식을 습득하고 깊은 이해와 연민을 갖도록 합니다.
- **해결사적인 작업을 위한 시간과 멘토링을 제공한다.** 학생들이 스스로 해결사적인 해결책 개발 활동을 할 시간과 공간을 제공합니다. 예를 들어 학생들은 물을 정화하고 저장하고 보급하기 위해 지금 사용하고 있는 장치를 수정하고 설계하는 아이

디어를 내는 활동을 할 수 있습니다. 또한 물 문제와 관련된 사회·경제·정치적 조치가 이뤄지지 않을 경우(반대로 성공적으로 이뤄질 경우), 그 결과로 깨끗한 물이 어떻게 변할지를 보여주는 확률 도표 그리기 활동을 할 수 있습니다. 다양한 식품, 제품, 가정용 및 휴양용으로 쓰이는 물 사용량을 분석하여 물 사용량을 줄이는 방법을 연구하거나, 대수층 보존 및 깨끗한 물 공급을 보장하기 위한 선택지를 제시하는 프레젠테이션 또는 동영상 만들기 등을 할 수도 있습니다.

- **협력 작업의 기회를 제공한다.** 학생들이 그룹 작업을 하여 협업으로 해결책을 개발하게 도와줍니다. 다음의 예는 협업이 가진 힘을 보여줍니다. 아이샤는 자기 학년 수준보다 몇 년이나 앞선 심화 과학반 학생입니다. 저스틴은 또래의 많은 학생들이 정기적으로 읽는 블로그를 운영하는 뛰어난 작가입니다. 마티나는 연구하는 것을 사랑하며, 비판적 사고와 시스템적 사고에 능숙합니다. 호세는 예술가이며 그래픽 디자인에 뛰어납니다. 카이라는 차분하고 열린 마음으로 듣는 능력을 가진 전형적인 외교관형입니다. 이들은 각자의 재능, 노

력, 지식을 활용하여 협력함으로써 자기들이 살고 있는 지역의 강물 오염 문제에 대한 해결책을 개발하고 발표안을 준비합니다. 이 해결책을 지역사회와 공유해서, 실제 실행을 위한 폭넓은 지원을 받으려고 합니다. 혼자였다면 기여할 수 있는 것이 한정되었겠지만, 함께하면 강력한 힘이 됩니다.

"어떻게 하면 모든 사람이 깨끗한 물을 얻을 수 있을까?"와 같은 중요한 문제를 탐구하기 위한 교육방법은 매우 많습니다. 이 교육방법들은 학생들을 깊이 몰입하게 하고, 기억에 남는 방식으로 해결사적이고도 학문적인 능력을 둘 다 효과적으로 키워줍니다.

더 의미 있는 평가를 채택하자

표준화된 시험 점수와 성적은 현재 시행되고 있는 학습 측정 방식입니다.[37] 그러나, 이것들이 과연 학생

---

37 2015년 10월, 오바마 대통령은 현재의 표준화된 시험 관행이 목적 달성에 효과적이지 않다는 것을 인정하는 동영상을 배

들의 이해, 숙달, 성취도를 측정하는 가장 좋은 방법인지, 그리고 과연 해결사적인 사고와 성취를 측정하는지를 물어볼 필요가 있습니다. 그렇다면 성적과 표준화 시험이 측정하는 것은 정확히 무엇일까요? 굶주리고, 안전하지 않은 상황에서 살고 있으며, 혹은 수면 부족을 겪는 아이와 낮은 성적 간에는 어떤 연관성이 있을까요? 성적과 표준화 시험이 학생들로 하여금 더 노력을 쏟고, 더 효과적으로 배우고, 배운 것을 더 유지하고, 실제 세상에 더 기여하게끔 동기를 부여할까요?

성적은 학습을 평가하는 진정한 도구가 아닙니다. 비교 잣대 위에 놓였을 때, 모든 시험, 쪽지시험, 고사, 과제 성적 등은 학생들의 실제 성취와 학습을 측정한다기보다는 또래 집단과 자신의 성적을 비교하는 작은 경쟁의 결과물일 따름입니다.[38] 우리의 목표는 학생 모

    포했다. 도박 같은 시험에 대해 빈번하게 발생하는 거센 항의, 가족들이 시험을 거부하고 일부 주에서는 시험을 제한하도록 이끌었던 시위활동에 대한 얘기가 담겨 있다. ⟨http://www.newyorker.com/news/dailycomment/obamas-change-of-heart-on-testing?intcid==mod-latest⟩

38 십대 때, 수학선생님이 어려운 시험을 보고 난 후 등수를 비교하며 성적을 보여주었을 때 나는 안도감을 느꼈다. 학습자료를 제대로 숙달할 정도로 개념을 충분히 이해하지는 못했지만, 내가 급우들에 비교해서 높은 성적을 받은 것에 동기부여되어

두가 배우는 것들을 100% 이해하고, 개발하려고 하는 기술을 100% 숙달하는 것이어야 하지 않을까요? 그런데 만약 모든 학생들이 A를 받는다면, 사람들은 학교가 성적 뻥튀기를 했다고 의심하면서 성적이 더 이상 무의미하다고 말할 겁니다. 만약 우리의 목표가 모든 학생들이 필수 능력과 기술을 숙달하고, 다양하게 상호 연결된 학문에 접하고, 필수 내용에 대한 지식을 늘리고, 사회에 의미 있는 기여를 하기 위해 꼭 필요한 역량을 얻고, 정확하고 의미 있게 그들의 성취를 평가하는 것이라면, 이런 목표를 달성했다는 것을 성적이란 것이 어떻게 보증할 수 있을까요? 게다가 표준화 시험 성적은 얼마 후에나 나오며, 어떤 실수가 있었는지조차 보여주지 않습니다. 이러한 시험이 어떻게 학생이나 선생님이 성장하고 배우고 개선하는 데 도움을 주겠습니까?

칸 아카데미 설립자 살만 칸 Salman Khan이 했던 유명한 TED 연설에서, 만약 학생들이 지식과 기술 시험에서 100점을 받지 못했다면, 이는 개념을 아직 완전히 이해하지 못했거나, 완전한 숙달에 도달하

서 기뻤다. 이제와 돌이켜 보니, 이렇게 성적을 비교하는 평가 방식의 단점을 깨달았다.

는 데 문제가 있었다는 뜻일 뿐이라고 했습니다. 이런 채점 방식으로 인해 학생들은 숙달될 때까지 연습하기보다는 실패에 불이익을 받고, 완전히 준비가 되기 전에 다음 수준으로 넘어가게 되는 경향이 있습니다. 또한 B학점을 받았다면 내용이나 기술을 숙달하지 못했어도 B학점이란 성적에 만족할 수 있기 때문에 잠재적으로 안일함을 부추깁니다. 그렇기 때문에 성적은 숙련 시스템보다는 순위 시스템입니다. 구성 요소들을 숙달하지 못하면 더 높은 수준의 지식 습득을 하는 데 약한 기반을 가질 수밖에 없으며, 이는 학생들의 몰입을 감소시켜서 이해하고 나아가는 것을 포기하게 만드는 결과를 낳습니다. 게다가 성적이라는 외적인 보상에 의존하기 때문에, 새로운 것을 배울 때 정상적으로 느껴야 할 내적인 기쁨과 즐거움을 잃을 수 있습니다. 그리고 높은 점수를 받지 못하는 학생들은 학교 생활에서 자신감, 흥미, 동기를 잃게 됩니다.

배운 것을 심사하고 평가하는 다른 방법은 어떤 게 있을까요? 다음은 주로 전통적인 공립 학교 환경이 아닌 외부에서 현재 연구하여 활용하고 있는 평가 전략의 예입니다. 이것은 모든 학교에 정규적으로 통합될 수 있습니다.

- 쓰기, 말하기, 계산하기에 대한 형성 평가를 매일 실시해서, 학생들은 그날 수업시간에 배웠던 능력과 이해도를 보여줍니다. 선생님 또는 학생의 입장에서 부족함을 발견하는 대로 필요한 도움을 주고받습니다.
- 학생들은 학습에 얼마나 시간을 보냈는지가 아니라, 얼마나 숙련됐는지를 기준으로 다음 단계로 나아갑니다. 칸 아카데미가 이런 방식으로 운영되며, 컴퓨터 기술을 적용하여 학습 진행 상황과 능력 달성 정도를 자동으로 기록하고 있습니다. 일반 학교도 이와 동일하게 운영할 수 있습니다.
- 이해와 기술이 숙달된 학생은 다른 학생을 가르칩니다. 이 방법은 숙련도와 가르치는 능력을 둘 다 보여줍니다. 이는 성공적인 몬테소리 교육에서 어린 아이들이 흔히 하는 방식입니다.
- 영어, 역사, 사회 및 기타 인문학 수업은 토론 및 개념 기반으로 진행됩니다. 학생들의 성취도는 사고 능력과 의사소통 능력이 얼마나 개발됐는가에 따라 측정됩니다. 작문은 선생님이나 글쓰기 멘토와의 일대일 피드백을 거쳐 신중하게 평가되고 개선됩니다. 에세이, 소설, 시, 인터뷰,

기사, 발표나 연설은 시간이 지나면서 완성도가 높아지고 숙달되며, 학생의 글이나 발표 자료는 출판되거나 실제 청중들과 공유할 정도의 가치를 갖게 됩니다.
- 학생들은 행동하면서 학습하는 learning by doing 모습을 보여줍니다. 그들은 특정한 능력, 기술 및 이해가 없이는 이루기 불가능한 과제를 완수하여 목표를 달성하며, 이를 통해 사회에 공헌합니다. 예를 들어, 지속 가능하고 기능적인 구조를 설계하기, 학교에서 에너지를 절약할 방법을 찾고 계산하기, 뉴스에 나오는 문제에 대해 설득력 있는 논평 작성하기 등을 실천할 수 있습니다.
- 학생들의 예술 프로젝트는 시각 예술, 드라마, 혹은 말로 하는 예술 등 그 어떤 것이라도 개념적 이해를 바탕으로 한 표현적이고 창조적이고 혁신적 예를 보여줍니다.
- 학생들은 선생님과 멘토로 이뤄진 패널을 구성하고, 지역사회 구성원들도 초대하여 공부해 온 주제에 대해 질문을 던짐으로써 그동안 깊이 이해한 것과 명확하게 표현하는 능력을 보여줍니다.

- 학생들은 신중하고, 비판적이며, 효과적으로 자기 자신과 자기가 한 작업을 평가하는 법을 배웁니다. 자신의 강점과 약점, 격차를 인식함으로서, 강점을 활용하면서 격차와 약점에 대처하기 위해 교사, 멘토, 부모와 협력하여 개인적인 계획을 세우는 법을 배웁니다.

온라인 학습을 포함해서, 이런 방식으로 평가받은 학생들은 습득한 지식 체계와 능력을 보여주는 의미 있는 디지털 작품집을 만들 수도 있습니다. 이런 작품집은 해결사적인 성과를 매력적인 방식으로 보여줍니다. 또한 작업에 대한 평가서와 선생님, 멘토 및 감독관으로부터 들은 사려 깊은 이야기도 포함할 수 있습니다.

긍정적인 태도와 행동뿐 아니라 건강한 정신 상태를 촉진하는 자기성찰 연습을 제공하자

어떤 학교에서는 학생들에게 마음 챙김 mindfulness 명상을 가르치는데, 학생들의 주의집중력을 높이고 스트레스를 관리하고 자기 통제력을 함양하는 데 도움이 된다고 밝혀졌습니다.[39] 마음 챙김은 학생들이 자신의 생각과 감정에 반응하지 않고 조용히 관찰하는 명상의 한 형태입니다. 구절 명상 passage meditation[40]은 가치가 풍부하고 영감을 주는 글을 선정하여 암기하고, 암기한 구절을 마음속으로 반복하면서 지혜와 좋은 성품, 윤리를 함양하고 심화시키는 명상입니다. 자기성찰의 한 형태인 일본의 나이칸 naikan은 사람들에게 감사하는 마음을 북돋아 일으켜서, 자신의 행동에 대해 더 친절하고, 더 참을성 있고, 더 책임지고자 하는 열망을 불러일으키는 또 다른 성찰적 수련입니다. 나이칸 수행자들은 다음의 세 가지 질문에 묻고 답합니다.

---

39 학교에서의 마음챙김 프로젝트 기사 참조: 〈http://mindfulnessinschools.org/research/research-evidence-mindfulnessyoung-people-general/〉

40 구절 명상은 캘리포니아 버클리 대학의 문학교수인 인도 태생 에크나쓰 에아스와란(Eknath Easwaran)에 의해 미국에 도입되었다: 〈http://www.easwaran.org/learn-how-to-meditate.html〉

1. 나는 _____ 으로부터 무엇을 받았는가?
2. 나는 _____ 에게 무엇을 주었는가?
3. 나는 _____ 에게 어떤 곤란이나 말썽을 일으켰는가?

    빈칸은 사람(친구, 가족, 선생님, 글로벌 경제를 통해 연결된 멀리 있는 사람들), 자연(대기, 물, 땅, 숲 등), 다른 생물체(반려동물, 야생, 사육 동물, 실험실의 동물, 오락을 위해 사용되는 동물 등)로 채울 수도 있고, 혹은 단순히 "오늘"로 채울 수도 있습니다. 나이칸은 학생들과 선생님들이 감사를 경험하고, 자신의 관대함과 타인의 관대함에 대해 성찰하고, 모두에게 기여하지만 실상은 당연하게 여겼을 수도 있는 수많은 것들을 깨닫게 합니다. 뿐만 아니라 자신이 타인에게 미치는 영향을 더 잘 인식하게 되고, 사실이 입각한 관점으로 내면을 들여다보게 되며, 자신의 선택을 평가하고, 스스로 책임지게 됩니다.[41]

---

41 나이칸 실천에 대한 더 많은 정보는 그렉 크레치(Gregg Krech)의 '나이칸: 감사, 은혜, 일본의 자기성찰 예술' 참조(Naikan: Gratitude, Grace, and the Japanese Art of Self-Reflection, Stone Bridge Press, 2001).

이러한 형태의 자기 성찰 및 명상은 학생들로 하여금 자신을 더 많이 깨닫고, 평화롭고 침착하게 평정심을 개발하고, 긍정적인 성격을 함양하며, 자기평가를 실천하게 합니다. 이런 자기 성찰을 통해서 더 큰 능력들 또한 따라옴으로써 건강하고 긍정적이며 연민 어린 의사소통을 하게 됩니다. 이는 갈등과 문제를 더 나은 방법으로 해결하는 데 효과적으로 협력하는 능력으로 이어집니다.

학생들의 신체적 건강과 운동을 위해 힘쓰자

의약과 보건의 엄청난 업적에도 불구하고 어떤 아이들은 더 살이 찌고 덜 건강해지고 있습니다. 이런 추세를 지속시키는 시스템은 복잡하게 상호 연결되어 있습니다. 이 책은 이미 '패스트푸드 햄버거의 **진짜 가격**' 사례 및 '미국의 주요 사망 원인과 멕시코 만 사각지대 간의 연관성'에 대해 얘기한 바가 있습니다. 앞서 말했듯이 우리의 농업, 경제, 정치, 광고 및 많은 시스템들은 모두 공중 보건 문제를 일으키는 원인으로 지목되고 있습니다.

학교는 건강한 음식이 표준이 되는 장소가 되어

야 합니다. 고지방, 고나트륨, 저식이섬유 등의 건강하지 않은 음식이 널린 학교 식당,[42] 설탕이 듬뿍 들어간 음료와 정크푸드를 뱉어 내는 자판기 대신, 학교 점심 식단을 바꿔야 합니다. 이런 변화는 학생들의 건강을 유지시키고, 평생 동안 좋은 식습관을 갖도록 도울 뿐만 아니라, 공정하고 인도적이며 지속 가능한 식품을 선택하는 모범적 습관으로 자리잡을 것입니다. 많은 학생들은 이미 보건 수업에서 배운 영양 지식과 실제 학교 식당에서 제공하는 음식 간의 불일치를 지적하고 있습니다.

많은 학교가 실내나 옥상, 운동장에 정원을 만들어, 거기에서 키운 작물들을 학교 식당에 제공합니다. 뿐만 아니라, 이런 체험을 생명 과학 및 보건 교육 과정과 통합하고, 다른 지역에서도 따르도록 사례를 제공하고 있습니다. 이런 활동은 학교에서 쓸 건강 증진 식품을 직접 생산하는 동시에, 지속 가능한 식품 생산에 대해 배울 수 있는 절호의 기회를 제공합니다.

또한 체육을 활성화하기 바랍니다. 요가, 합기도,

---

42 이런 음식들이 왜 표준 메뉴가 됐는지를 조사하는 것은 시스템적 사고에 대한 또 다른 훌륭한 기회를 제공한다.

다양한 형태의 댄스와 같이 몸과 마음을 단련할 수 있는 다양한 신체 활동의 기회가 학생들에게 제공된다고 상상해 보십시오. 각 활동을 맛보기로 경험할 시간을 준다면, 학생들은 규칙적으로 수련할 것을 한두 가지 선택해서 훈련함으로써 심신단련을 하고, 이는 평생 동안 도움이 될 것입니다. 수련은 운동을 뛰어넘는 이점을 가지고 있습니다. 합기도는 공격성을 비폭력적인 해결 방법으로 바꾸는 무예입니다. 이는 평화적인 세상을 위해 함양해야 할 가장 중요한 기술 중의 하나입니다. 댄스는 힘이 드는 신체 활동이지만 창조적 표현, 즉흥연기, 팀워크 기회를 제공합니다. 요가는 힘, 유연성, 집중력, 내면의 평온을 기르며 비접촉 활동에 참여하기를 원하는 사람들 또는 명상 수행을 원하는 사람들에게 알맞습니다.

또한 학생들을 야외로 데리고 나가기 바랍니다. 학생들은 지나치게 많은 시간을 실내에서 보냅니다. 따라서 몸을 움직이거나 자연의 경이로움과 경외심을 경험할 기회가 줄어듭니다. 부족한 야외 활동으로 인해 자연에 대한 혐오와 공포를 느끼는 생명혐오증 biophobia을 초래할 수도 있습니다. 이 증세는 환경 문제에 냉담한 반응을 낳고, 우리 모두가 의존하는 생태계를 보호하려는 동기를 감소시킵니다.

야외 활동 종류는 지역과 접근성에 따라 선정될 수 있습니다. 선생님들은 주변 환경을 조사하여 날씨 및 상황에 알맞게 학생들을 정기적으로 밖으로 데리고 나갈 방법을 찾습니다. 실내 못지않게 잔디밭이나 풀숲, 공원 근처 등에서 할 수 있는 활동이 많습니다. 학교 주변에 심각한 안전 문제가 없는 한, 매일 짬짬이 야외 활동을 하는 것이 유익합니다. 학교 근처에 나무가 있습니까? 학생들은 나무에 오르거나 나무를 흔들고, 나무 아래에 앉아 쉴 수도 있습니다. 그러는 동안 선생님은 벌에게 무슨 일이 일어나는지를 들려주거나, 나무에 앉아 있는 새를 주목하게 합니다. 또는 계절의 변화, 나무뿌리와 공생하는 흙 속의 균사체, 나무가 제공하는 서식지에 대해 알려줍니다. 학생들은 신체 활동과 더불어 살아있는 식물학과 균류학을 배우고, **비교행동학** (역자주: 자연환경에서의 동물의 행동을 관찰하고 그 본능 행동을 연구하는 학문)을 체험하고, 생태학의 이치를 더 알게 되고, 지역 역사가 의미 있게 다가오는 경험을 할 것입니다. 그리하여 교실, 책, 컴퓨터에서 배운 내용과 야외 활동이 비로소 균형을 잡게 됩니다.

야외도 견학지로 고려해 보기 바랍니다. 카약을

타러 가고, 로프 코스를 타고, 등산을 가는 것이 가능할까요? 도시의 야생동물을 관찰하고 기록하기 위해 도심 산책을 하는 것은 어떤가요? 이러한 활동들은 신체 건강을 증진시킬 뿐만 아니라 용기, 협동심, 책임감, 집중력, 자연에 대한 감사함, 즐거움, 모험심을 길러줍니다.

건강뿐 아니라 협동심과 스포츠 정신을 배울 수 있는 단체 운동은 육체적, 사회적, 정신적으로 매우 긍정적인 활동입니다. 그러나 학생들이 커가면서 운동팀은 점점 더 선택적이고 경쟁적으로 돼 가고 있습니다. 따라서 가끔 있는 체육관 수업을 제외하고는, 단체 운동은 소수를 위한 것이 되어 버렸고, 학생들이 학교에서 신체 활동을 할 기회가 거의 사라졌습니다.

교육 시스템이 우수하다고 정평이 난 핀란드에서는 단체 운동이 학교와는 아무런 관련 없는 선택적 동아리 활동입니다. 이와 같이 다른 나라에서 스포츠를 다르게 운영한다는 것을 안다면, 미국 학교들도 단체 운동을 더 넓고 현명한 맥락에서 볼 수 있을 것입니다. 현재 성공한 학교 운동선수들과 최상위 팀들은 비운동 분야에 비해 과하게 대우받습니다. 예를 들어, 몇 년 전 지역사회 극장 프로덕션 일을 할 때였습니다. 밤 11시쯤 마지막 장면이 진행 중이었는데, 극장 바로 밖에서 몇 분 동안이나 화재경보기가 울렸습니다. 경보기는 연극을 마무리할 때쯤 되어서야 마침내 멈췄습니다. 저는 별로 놀라지 않은 옆 사람을 쳐다보았습니다. 이 동네에서 자란 그 사람은 사이렌이 농구팀의 승리를 알리는 것이라고 정확히 추측했습니다. 농구팀이 준결승전에서 승리해 챔피언십에 진출하게 되었다는 이유로 동네 사람들과 연극을 마무리하던 배우들은 한밤중에 길고 시끄러운 화재경보기 소리를 몇 분 동안이나 들어야 했습니다. 농구팀이 소속된 학교는 학생 동아리가 학술대회에서 우승했을 때나, 협력 팀이 멋진 문제 해결책을 내어 지역사회에 공헌했을 때는 온 동네에 사이렌을 울리지 않았습니다. 그렇다고 모든 성취나 선행에 화재경보기를 울리자고 제안하는 것은 아닙니다. 저는 단체 운동에 대한 애정을 **모든** 아이들의 건강과 체력에 고루 나눠줘서, 아이들이 건강한 성인으로 잘 자라날 수 있게 돕자고 제안하는 것입니다. 신체 교육은 사려 깊고 의미 있게 모든 학생들에게 매일 제공되어야 합니다.

각각의 아이를 위해
교육 과정을 개인화하자

교육 과정을 개인에게 맞추는 프로젝트 기반의 민주적 학교 모델이 있습니다. 몬테소리 교육이 바로 그 예입니다. 공립 학교 시스템 전반에서 개인별로 차별화된 교육을 실행한다고 상상하는 것은 너무도 큰일처럼 보일 수 있습니다. 교실마다 30명이 넘는 학생들, 충족시켜야 할 기준들, 학생들이 통과해야 할 부담백배의 시험 환경에서 어떻게 선생님과 학교가 교육 과정을 개인에게 일일이 맞추도록 기대하겠습니까?

하지만 오늘날 세상은 바로 이것을 해낼 기회를 제공합니다. 학생 개인의 진척 상황을 추적하여 선생님들이 차별화를 훨씬 더 쉽게 할 수 있게 해 주는 온라인 교육 덕분입니다. 학생들은 이런 온라인 프로그램과 자원을 사용하고, 멘토와 만나고, 인턴십에 참여할 수 있습니다. 오늘날의 디지털 원주민[43] 세대는 21

---

43   "디지털 원주민(digital native)"이라는 용어는 마크 프렌스키(Marc Prensky)가 같은 제목의 책에서 디지털 기술과 함께 성장한 아이들을 설명하기 위해 만들었다. 교육에 대한 그의 최신 생각은 여기에 있다. 〈http://marcprensky.

세기 이전에는 상상조차 못했던 방식으로 학습하는 능력을 갖고 있습니다.[44] 현실 세계 성취를 추구하는 프로젝트 기반의 경험 학습과, 온라인 과학 기술을 결합한 블렌디드 러닝(Blended Learning, 역자주: 온라인 교육과 교실 교육을 혼합해서 사용하는 학습 방법)을 통해, 학교는 수많은 현대적인 선택지들을 학생에게 제공할 수 있습니다.[45] 새로운 과학 기술과 온라인 플랫폼을 이용해 읽기 및 수학 능력을 배우는 것과 더불어, 고학년 학생들은 무크(MOOCs; 온라인 대량 공개 강좌)를 통해 세계에서 가장 훌륭한 교수들이 제공하는 수백 개의 강좌를 무료로 들을 수 있습니다.

이를 통해 학생들은 학교와 사회에서 결정한 필수 지식과 기술을 습득합니다. 그리고 학생들은 자신

---

com/wp-content/uploads/2015/12/+Prensky-PlanB_education.pdf〉.

[44] TED 수상자인 스가타 미트라(Sugata Mitra)의 TED 강연 "클라우드에서 학교 만들기(*Build a School in the Cloud*)"를 통해 학교에 다닐 권리를 박탈당한 빈곤에 시달리는 아이들이 사는 곳에서도 강력한 학습을 가능하게 하는 오늘날 과학기술의 힘을 엿볼 수 있다고 말했다.

[45] 에스더 워치츠키(Esther Wojcicki)와 랜스 이즈미(Lance Izumi)가 쓴 책인 『문샷 교육(*Moonshots in Education*)』은 이를 실행하기 위한 많은 자원과 아이디어들을 제공한다.

의 발달 단계에 맞게 여러 기회를 활용하고, 배운 것을 바탕으로 자신의 관심사를 추구하는 개별화된 계획을 세울 수 있습니다. 예를 들어, 수학 능력을 습득하는 데 어려움을 겪는 학생이 있고, 반대로 수학 능력이 더 발달되어 다음 단계로 나아갈 수 있는 학생도 있다고 칩시다. 두 사람 모두 온라인 프로그램을 이용하여, 더 많은 지원이 필요한 전자의 학생이 자신의 속도에 맞춰 공부하는 동안, 후자의 학생은 멘토의 감독을 받으며 더 수준 높은 온라인 프로그램을 공부할 수 있습니다.

우리는 더 이상 스페인어, 프랑스어, 중국어 등 어떤 언어를 선택할까 고민하지 않아도 됩니다. 학생과 그의 가족들은 세계의 많은 언어 중 어느 것이라도 선택할 수 있습니다. 온라인 언어 프로그램은 언어 습득에 있어 흥미로운 기회를 제공합니다. 온라인 프로그램은 해당 언어가 사용되는 문화에 대해 가르칠 뿐 아니라, 학생들의 대화 연습을 도와주는 유창한 선생님과 소그룹 학습을 할 수 있어서 언어 습득이 강화됩니다. 유창한 선생님을 구할 수 없는 지역의 학생들은 무료 화상 회의 기술을 통해 다른 지역의 선생님들을 만날 기회를 가집니다. 이런 일은 이전 세대에서는 불가능했던 일입니다.

해결사들은 서로 다른 열정과 재능을 가지고 있기 때문에, 교육 과정을 개인화하는 것이 중요합니다. 만약 건축 혹은 건설에 흥미를 가진 고등학생이 있다면 친환경 건축 회사에서 인턴십을 할 수 있고, 접객 산업에 관심이 있는 학생은 생태 관광 회사에서, 예비 토목 기사는 지속 가능한 도시 설계 분야의 멘토와 작업할 수 있습니다. 우리는 고등학교 졸업생들이 "대학 입학과 취업 준비"를 해야 한다는 말을 지겹도록 듣고 있습니다. 이 목표를 이루는 데 있어서 개인화된 교육 기회를 제공하는 것보다 더 나은 방법은 생각하기 어렵습니다. 개인화 교육을 통해 학생들은 현실 세계와 연관된 지식과 기술을 습득하는 한편, 고용주나 대학을 대상으로 자신의 가치를 높일 뿐 아니라, 더 건강하고 더 지속 가능한 사회 시스템에 기여하는 해결사적인 마음가짐 mindsets을 갖게 됩니다.

더 나아가서, 우리는 고등학생용 해결사 경력 인증서 SCC, Solutionary Career Certification 경로를 개발하여 제공할 수도 있습니다. 이 인증서는 해결사 중심의 전문직 인턴십 및 멘토링에 참여한 학생들이 취득할 수 있고, 높은 수준의 실제적인 준비가 되었다는 것을 미래의 고용주와 대학에 보여줍니다.[46] 우리의 목표는 학생들에게 평생 직업을 선택하라고 권하는 것이 아닙니다. 평생 직업보다는 자신의 흥미를 탐구하고 시험해 보며 의미 있게 개발할 기회를 제공하자는 것입니다.

중대한 개인적 의사결정이 임박한 학생들을 선생님이 초대해서 다음의 네 가지 질문에 대한 답을 구했다고 상상해 보십시오. 질문의 목적은 세상과 관련된 의미 있는 학교를 만드는 것, 그리고 각자의 목표, 관심사, 꿈을 향해 학습 방향을 정하도록 돕는 것입니다.

1. 내가 세상에서 가장 관심 있어 하는 도전거리들은 무엇인가?
2. 나는 무엇을 하는 것을 좋아하는가?
3. 나는 무엇을 잘 하는가?
4. 나는 무엇을 배워야 하는가?

1~3번의 답이 만나는 곳을 발견해서 네 번째 질문에 대한 답을 찾았다면, 학생들은 아마도 위대한 목적, 의미, 기쁨을 가진 삶을 성취할 가장 큰 가능성의 문을 연 것일 겁니다. 학생들이 이 발견의 여정

---

46 부록에 해결사 경력 인증에 대해 더 많은 내용이 있다.

을 시작할 수 있도록 학교가 도움을 준다고 상상해 보십시오. 학생들의 가장 깊은 질문을 끌어내고, 그들의 재능, 관심사, 흥미를 밝혀줄 다양한 주제, 경험, 기회를 탐구하도록 돕고, 궁극적으로는 자신의 목적을 달성하는 데 필요한 지식과 능력을 습득하는 동시에 세상을 더 나은 곳으로 만들 수 있도록 돕는 학교 말입니다.

학교를 의미 있고 즐거운 곳으로 만들자

우리 대부분은 배우는 것의 밑바탕에 깔린 의미와 목적을 이해하고 수용할 때 가장 잘 배웁니다. 우리가 관심을 가진 문제를 해결하고, 창조하고, 배우고, 생각하는 것은 즐겁고 매우 매력적인 일입니다. 그리고 다른 사람들에게 진정한 봉사를 하는 것은 기쁨을 불러일으킵니다. 제가 『최대 이익, 최소 피해: 더 나은 세상과 의미 있는 삶을 위한 간단한 원칙 *Most Good, Least Harm: A Simple Principle for a Better World and Meaningful Life*』이라는 책을 쓸 때, 수백 명의 사람들에게 설문조사를 했습니다. 그들에게 기쁨을 가져다 주는 것은 무엇인가를 물는 설문이었습니다. 가족 및 사랑하는 사람들과 함께 하는 것, 자연 속에 있는 것, 사랑하는 동물과 교감하는 것 등 예상 가능한 답변도 많았습니다. 하지만 자기 자신보다 더 큰 목적을 위해 세상에 선을 행하고, 돕고, 봉사하는 것이 기쁨을 가져다 준다는 답변도 여러 번 받았습니다.

학교를 싫어한다(혹은 성인이라면 싫어했다)거나 학교가 지루하다고 말하는 것은 흔한 일입니다. 아이들이 학교를 지루하게 느낀다는 사실이 저에게는 희극적으로 느껴집니다. 삶에서 가장 호기심 넘치고 창조적인 시기에, 그들을 데려다 체계적으로 지루하게 만들고 때때로 호기심과 창조성을 억누르는 것은 아이들뿐만 아니라 우리 세상에도 나쁜 일입니다. 학교는 스트레스를 일으키고 불친절하고 시시한 장소가 되어서는 안 됩니다. 참을성 테스트나 싸움터가 되어서도 안 됩니다. 그러나 너무나도 많은 학생들과 헌신적인 선생님들에게 학교는 이런 곳 혹은 그 이하입니다. 학습은 본질적으로 즐거운 것이라는 점을 감안할 때, 우리가 학교를 의미와 기쁨이 부족한 장소로 바꿔 놓았다는 것은 충격적입니다.

모든 어린이와 청소년들이 학교에 가고 싶어 안달이 나서 아침에 잠을 깬다고 상상해 보십시오. 자신을 비롯해서 자신의 삶에 영향을 주는 모두를 위해 배우고, 혁신하고, 예술에 참여하고, 친절함과 인내심을 배우기 위해서 말입니다. 그리고 그들이 마땅히 되어야 할 뛰어나고 빛나는 사람이 되는 법을 발견하기 위해서 말입니다. 아이들은 삶의 아주 많은 부분을 학교에서 보냅니다. 그러니 우리가 어떻게 아이들을 위해 덜 좋은 것을 원하겠나요?

만약 여러분이 선생님이나 학교 행정가라면 스스로 어떤 역할을 할 수 있을지 자문해 보십시오. 여러분의 수업과 학교를 매일 오고 싶게 만들고, 공부가 큰 의미를 지닌 즐거운 과정이 되도록 하는 데 있어서 말입니다. 다음 질문들이 여러분을 안내해 줄 것입니다.

1. 학생들이 공부의 목적을 이해하고 받아들이는가? 여러분은 어떻게 그것을 알 수 있는가? 그렇지 않다면, 이를 어떻게 보완할 수 있을까?
2. 학생들이 현실 세계에 영향을 미치기 위해 배운 지식, 기술, 능력을 활용할 기회가 있는가? 만약 그렇지 않다면, 여러분은 어떻게 이러한 기회를 제공할 수 있을까?
3. 변화를 가져오는 성과를 추구할 기회가 학생들

에게 있는가? 그렇지 않다면, 여러분은 어떠한 과제 및 목표를 추구하도록 도울 수 있을까?

이런 질문들은 선생님들에게 과도한 책임을 지우는 것처럼 들릴 수도 있습니다. 만일 선생님들이 일하는 시스템이 이런 변화를 만들도록 지원과 신뢰, 시간 또는 전문적인 개발 기회를 제공하지 않는다면 이런 일은 불공정해 보일 수 있습니다. 그러나 학교가 가능한 한 의미 있고, 영감을 주고, 목적의식이 있고, 지적으로 풍요로운 곳이 되도록 노력하는 것이 해가 되지는 않을 것입니다. 오히려 선생님이나 학생 모두에게 정말로 좋은 일입니다. 이런 노력에 있어서 교사 지원에 대한 몇 가지 생각을 다음에 제안합니다.

해결사적 교육자가 될 수 있도록 교사들에게 온전히 투자하자

선생님들은 학생을 교육하고, 멘토링하고, 동기부여하고, 책임지고, 사랑하고, 지지하는 심오하고도 거대한 책임을 갖고 있습니다. 또한 학생들로 하여금 내용을 학습하고 숙달하게 하고, 강력한 사고력과 의사소통 및 협업 능력을 개발하도록 돕는 것도 선생님의 책임입니다. 학생들의 친절함, 진실성, 정직함, 책임감 같은 가치관을 길러 주는 것 또한 선생님들의 의무입니다. 그리고 이 모든 기대를 충족시키기 위해 선생님들은 스스로 이러한 자질과 기술의 모범이 되어야 합니다. 이렇게 아주 특별한 직무와 더불어 선생님들은 이른 아침부터 늦은 밤까지, 그리고 거의 매주 주말의 일부를 일에 양보합니다. 최소한의 지위와 적은 급여를 받으면서 말입니다.

뿐만 아닙니다. 현재 미국의 공립 학교 시스템에서 일하는 선생님들은 직업적인 자율성이 거의 없습니다. 학생들이 무의미한 표준화 시험을 잘 치르도록 종종 재미없는 수업을 해야 합니다. 만약 탐구력과 해결사적인 사고력을 키우기 위해 논쟁이 있을 수 있는 현실 세계의 문제를 교실에서 제시한다면 징계의 대상이 될 수도 있습니다. 게다가 직장에서 성공하기 위해 학생들을 위한 문구 용품, 교재, 심지어 음식까지 사주기 위해 정기적으로 자기 돈을 써야 할 것 같은 강박감을 느낄 수도 있습니다.

이 모든 요소들을 고려했을 때, 많은 선생님들은

사기가 떨어지고 좌절하게 되며, 그렇게 많은 초임 교사들이 고작 몇 년 만에 직장을 떠나는 게 당연한 수순처럼 느껴지지 않나요? 그런데 모든 곳에서 이런 것은 아닙니다. 핀란드에서는 선생님이 선망의 직업입니다. 그곳의 선생님들은 의사와 비슷한 지위를 가지며, 교직에 입문하려면 경쟁이 매우 치열합니다. 핀란드의 선생님들은 정기적으로 협력하기도 하지만, 자기 학급에 대한 결정과 학생 평가는 자율적으로 시행합니다.[47] 시골, 도심, 교외, 부유층, 서민 계층 등을 가리지 않고, 핀란드 전역의 학교는 어느 곳에서나 균일하게 학생 교육에 성공을 거두고 있습니다.[48]

미국에 비해서 일본의 교사들은[49] 학생들에게 핵심 규율과 기술을 가르칠 뿐만 아니라 바른 인격을 형

---

47 국제 교육 벤치마크 센터 참조: 〈http://www.ncee.org/programs-affiliates/center-on-international-educationbenchmarking/top-performing-countries/finland-overview/finlandteacher-and-principal-quality/〉

48 아틀란틱의 기사 "학교가 실제로 동등하다는 것을 증명하는 곳: 모든 핀란드의 학교는 동등하게 설계되었다" 참조: 〈http://www.theatlantic.com/education/archive/2015/11/ranking-high-schools-in-finland/417333/〉

49 일본 교육에 대한 CBS 뉴스 기사 참조: 〈http://www.cbsnews.co./news/respect-for-japanese-teachers-menas-top-results/〉

성하고 모범적인 시민이 되도록 지도합니다. 일본 교사들에게는 지원과 멘토링, 상호작용 및 협업을 위한 충분한 시간이 주어집니다. 미국의 표준화된 시험과는 달리 비판적 사고력과 문제 해결 능력에 중점을 두는 국제 PISA 시험에서 핀란드와 일본의 학생들은 최상위에 가까운 점수를 받습니다.[50]

교육자에게 투자하고 지원하는 것은 매우 중요합니다. 총명하고 창조적인 사람들이 그들의 지식과 기술을 교실로 가져와서 훌륭한 교육자가 될 때까지, 교육계 최고의 고수로부터 코칭과 멘토링을 받도록 동기를 부여하고 이들을 반겨야 합니다. 그리고 선생님으로서 마땅히 받아야 하는 존경심을 가지고 대우하고, 각자의 교실과 학생들을 위한 결정을 내릴 수 있는 자율권을 보장하는 것이 매우 중요합니다. 또한 동료 선생님들과 협업할 시간과 공간, 높은 질의 전문성 개발기회, 공정한 보상을 제공하는 것도 중요합니다. 이러한 모든 요소들을 준비하지 않은 채, 앞에서 설명한

---

50 PISA는 학교에서의 학생의 행복도 고려하여 등급을 매긴다. 34개국을 비교하는 2012 PISA 보고서 참조. 〈http://www.oecd.org/pisa/keyfindings/pisa-2012-results-overview.pdf〉

교사 직무들을 수행하면서 동시에 해결사 세대를 교육할 수 있는 우수한 선생님들을 유치하고 유지하기를 기대하는 것은 비현실적입니다.

학생들의 해결책들을 공개 시연하자

만일 학교가 이 책의 아이디어를 채택한다면, 학생들은 현실 세계 문제를 해결하려고 노력할 것입니다. 이런 학생들의 좋은 아이디어를 대중에게 선보이고 공유하는 것은 학교의 의무입니다. 기업의 리더, 사회적 기업가, 투자자들은 학생들의 아이디어를 의미가 충만하고, 사회적으로 유용하며, 잠재적으로 수익성이 높은 제품과 서비스로 바꿀 수 있습니다. 입법자들은 모든 이들에게 건강하고 긍정적인 변화를 가져올 것이라고 학생들이 제안한 새로운 법안을 후원할 수 있습니다. 언론은 학생들의 해결책들을 더 넓은 범위의 청중과 공유할 수 있습니다.

인도적 교육 연구소 IHE에서는 해결사 의회 프로그램 Solutionary Congress Program을 개발하였습니다. 여기서 해결사 학생들은 관심 있는 현실 세계의 문제를 연구하고, 이러한 문제에 대한 실행 가능한 해결책을 개발하며, 이를 실행하여 평가한 후에 해결사 의회에 작업 결과를 올립니다.[51] 이러한 작업을 통해 학생들은 다음과 같은 활동 기회를 갖게 됩니다. 이 활동들은 해결사 의회를 위해 설계된 교육 과정 또는 방과 후 활동에 통합될 수 있습니다.

1. 개인적인 관심을 가진 문제에 대한 해결책을 찾아 고심하기
2. 긍정적인 목표를 이루기 위해 다른 사람들과 협력하여 일하는 법을 배우기
3. 실제 문제에 대한 의미 있고 실용적인 해결책을 개발하기
4. 해결책을 실행하고 평가하기
5. 언론, 사회적 기업가, 투자자, 입법자들을 포함

---

[51] 이 책의 서두에 나오는 편지는 뉴욕시의 TEAK 프로그램에 있는 중학교 1학년 학생이 4학년 공립학교 학급에 쓴 편지로, 그 둘 모두를 대상으로 2016년에 해결사 의회 프로그램을 시범 운영하였다. 해결사 의회 가이드북을 찾으려면 www.HumaneEducation.org를 방문하기 바란다. 등록해서 더 많은 정보를 받고, 학교나 지역사회에서 해결사 의회를 개최하고 싶다면 연락 바란다.

하여 다른 사람들과 해결책들을 공유하기

또, 학교는 해결사 센터 또는 해결사 주간 solutionary week을 마련하여, 학생들이 수업 중에 씨름해 온 문제들에 관해 실행 가능한 해결책들을 공유할 수 있습니다. 강당이나 체육관은 해결책 공연장이 될 수 있고, 학교 벽에는 해결책으로서의 시각 예술을 전시할 수 있고, 컴퓨터실은 학생들이 도전 문제를 해결하기 위해 제작한 프로그래밍, 동영상, 공공 서비스 안내문을 전시하는 전시실이 되어 다른 사람들을 교육할 수 있습니다. 해결사들이 설계한 제품과 서비스를 지역사회에 판매하는 상점을 학교 한 구역에 마련할 수도 있습니다.

학생들의 깊은 생각과 헌신적인 노력, 혁신적인 아이디어가 대중의 관심과 금전적인 지원을 끌어내고, 지역사회 실현에 가치 있는 해결책들로 받아들여질 때, 학교 교육이 얼마나 큰 가치가 있을지 상상해 보십시오. 학생, 선생님, 행정가, 학부모 등 학교 전체 공동체가 얼마나 온전히 참여하고 활기를 띠게 될지 상상해 보십시오. 마지막으로, 더 나은 세상을 위해 기여하는 과정에서 훌륭하게 성장하여 졸업할 수많은 열정적인 해결사들을 상상해 보십시오.

마지막 생각들

현재의 교육 방향을 계속 추구한다면, 결과적으로 더 몰입하지 못하는 학생들과 더 사기가 떨어진 선생님들을 낳게 될 수 있습니다. 또한 지구상의 도전들을 마주하여 해결할 준비가 제대로 되지 않은 채 졸업하기 때문에, 세계 도처에 심각한 도전적인 문제들이 증가할 가능성이 있습니다.

이 책을 시작할 때, 우리는 마주한 도전들을 해결할 수 있다는 저의 믿음을 공유하였습니다. 그러나 모두가 알다시피, 문제를 해결하지 못한 채 후대에게 점점 더 살기 힘든 세상과 암울한 미래를 물려줄지도 모릅니다. 기후 변화에 효과적으로 대처하지 못해서 최악의 영향을 제시간 안에 정상으로 되돌리지 못할 수 있습니다. 지구상 모든 생명체의 절반이 금세기 말까지 멸종될 가능성도 있습니다. 산호초가 사라지고, 열대 우림과 빙하가 계속해서 줄어들어 홍수가 나거나 사막이 된 나라들로부터 더 많은 환경 난민들이 탈출할 가능성이 있습니다. 불평등과 고통이 만연하고, 인구가 늘어나는 상황에서 희소한 필수 자원을 얻기 힘듦으로 인한 불안이 폭력과 전쟁을 증가시킬 가능성도 있습니다. 이와 같이 더 어두운 미래가 실현된다면, 그 이유는 **우리가 아이들을 가르치는 방법과 내용을 바꾸지 못했기 때문**일 것입니다.

여러분들에게 마지막 생각 실험을 하나 남기겠습니다.

만약 학교가 현재의 교육방식을 벗어나 매우 다른 교육 비전을 받아들인다면 우리의 세상이 어떤 모습일지 상상해 보십시오.

- 각 학생들의 흥미와 재능을 육성하고 축하하는 학교
- 비판적 사고, 창조적 사고, 전략적 사고, 시스템적 사고, 과학적 사고, 디자인 사고, 협업 능력을 열심히 가르치고 실천함으로써, 학생들이 뛰어난 연구자가 되는 학교
- 친절함, 진실성, 끈기, 책임감, 정직함 등의 가치가 길러지고 일상의 모범이 되는 학교
- 의미 있는 성취와 함께, 세상 문제에 대한 현실적이고 실행 가능한 해결책들을 중요시하는 학습 평가 방식을 제시하는 학교
- 자기성찰 실천으로 더 나은 자기 관리와 더 긍

정적인 의사소통, 더 윤리적인 선택, 더 깊은 공감, 더 효과적인 협업이 이뤄지는 학교
- 예술 교육이 정기적으로 제공되어 더 큰 창조성, 혁신, 기쁨으로 이어지는 학교
- 더 나은 건강과 웰빙을 증진시키는 신체 활동을 일상적으로 실천하는 학교
- 학생들이 어떤 직업과 삶을 추구하든, 그 선택을 통해 기술, 지식, 재능을 보다 정의롭고 인도적이며 재생적인 세상을 위해 쓰는 해결사들을 졸업시키는 것을 교육 목표로 삼은 학교

해결사 세대를 상상하면 저는 세상의 중대한 문제들이 이미 해결된 모습이 떠오릅니다. 망가진 정치 시스템, 불완전한 경제 시스템, 지속 불가능한 에너지 시스템, 비인도적이고 파괴적인 농업 시스템, 불공정하고 건강하지 못한 생산 시스템, 제 기능을 하지 못하는 형사 사법 시스템, 값비싼 의료 시스템, 그 외에 수많은 지속 불가능하고 건강하지 못한 시스템은 사라지고, 보다 공평하고 지속 가능하며 자비롭게 변한 세상 말입니다. 나아가서, 지금 마주하는 도전들에 대해 충분히 준비되어 있을 뿐만 아니라, 미래에 나타날 그 어떤 일에

도 준비되어 있는 활기차고 기쁨 넘치는 아이들의 모습도 보입니다.

⋙⋘

교육 시스템을 변화시키고, 이에 따른 저항을 극복하려면 우리는 다음과 같이 해야 합니다.

- 마땅히 그래야 하듯이, 선생님들이 사회에서 변혁적이고 해결사적인 리더 역할을 하기 위해 선생님들에게 권한을 부여하고 지원해야 합니다.
- 선생님과 행정가들을 위해 품질이 높고 실용적이며 적절한 전문성 개발 프로그램을 제공해야 합니다. 경험을 나눌 장소를 제공하여 협력적이고 창조적으로 서로 배울 수 있도록 해야 합니다.[52]
- 현실 세계의 성취, 간학문적 교과목, 개인화된

---

52 인도적 교육 연구소(IHE)는 온라인 대학원 프로그램, 전문성 개발을 위한 온라인 단기 과정, 워크숍, 및 무료 다운로드가 가능한 자원들을 제공한다. 더 많은 정보는 〈www.HumaneEducation.org〉에 있다. 또한 『문샷 교육(*Moonshots in Education*)』에는 전문성 개발을 위한 다양한 혼합형 학습(blended learning)에 관한 제안들도 있다.

학습, 해결사적 사고 및 행동을 육성하는 교육과정 및 실행 중심의 교육방법으로 설계된 **해결사 학교** 운동을 전개해야 합니다.[53]
- 학생들은 현재의 시스템이 기대하는 것보다 훨씬 더 많은 것을 해낼 능력이 있으며, 경험적이고, 협동적이고, 창조적이며, 목적성 있는 학습 환경에서 최고로 성공한다는 것을 보여주고 그것을 문서로 기록해 놓아야 합니다.
- 선생님, 학교 행정가, 학부모, 학생뿐 아니라 모든 유권자를 이런 시도에 참여시켜야 합니다. 학교는 매우 다양한 공동체 안에 있으면서도, 종종 공동체와 격리되어 있습니다. 학생들이 어떻게 교육받느냐 하는 것은 지구상에 있는 모든 사람들의 미래에 영속적인 영향을 미칠 것입니다. 그렇기 때문에 우리 모두는 이해당사자일 수밖에 없습니다. 우리는 교육 시스템에 참여해서 학교를 해결사적인 시스템으로 전환시켜야 합니다. 이를 위해 교육 분야에서 어떤 일이 일어나는지에 주의를 기울이고, 의견을 드러내고,

---

53 부록에 그와 같은 모델을 위한 더 많은 제안들이 있다.

공무원들을 만나고, 의미 있는 교육 시스템 변화를 위해 일할 입법자들을 선출하고, 정책 아이디어를 입안하여 공유하고, 논평이나 블로그 포스트, 편집자에게 보낼 편지나 기사 등을 작성하고, 발표를 하거나 회의에 참석하고, 변화를 위해 나서야 합니다.

미국을 비롯한 많은 나라들은 모든 아이들에게 적합하고 접근성 높은 무료 교육을 의무화하고 있습니다. 이 권한은 엄청난 특권이자 책임입니다. 또한 그렇지 않은 나라의 사람들이 여전히 꿈꾸는 것입니다. 이 기회를 헛되이 보내지 말기 바랍니다. 오히려 이 기회를 활력과 헌신으로 받아들여 아이들의 삶과 미래에 가장 의미 있고 적절한 진짜 교육을 할 수 있기를 바랍니다.

우리 아이들과 우리 세상을 위해 부디 이 중대한 노력에 동참해 주기 바랍니다. 결국, **세상은 우리가 가르치는 대로 됩니다.**

A Vision of Solutionary Schools

부록

부록

해결사 학교의 비전

이 부록은 본문에서 설명한 교육목적을 만족시키는 해결사 학교의 비전과 아이디어를 소개합니다. 이것은 인도적 교육 연구소 IHE 팀이 해결사 학교 교육 모델을 상상하고 개발했습니다. 다음과 같은 자료들을 사용하고, 공유하고, 실행해 주셨으면 하는 게 저의 희망입니다.

설명한 바와 같이, 인도적 교육 연구소는 "미국의 주요 사망 원인과 멕시코 걸프만 사각지대 간의 연관성"에 대한 해결사 중심의 교육 과정을 개발했습니다. 이 6주짜리 중등학교용 모델은 우리 웹사이트의 자원 센터에서 무료 다운로드가 가능하며, PDF로 제공됩니다. 이것을 다른 자원들과 함께 사용하기를 바랍니다.

이 자료와 아이디어를 실행하면서 얻은 여러분의 경험담, 성공담, 도전 문제들을 우리와 공유해주시기 바랍니다. 우리는 여러분으로부터 배우고 또 여러분과 함께 교육을 개선해 나갈 수 있기를 기대합니다.

여러분의 모든 수고에 감사하며, 조

Zoe@HumaneEducation.org
www.HumaneEducatoin.org

해결사 학교를 위한 목적, 비전, 사명, 약속 선언문

해결사 학교의 목적

- 상호 의존적인 세상에서, 한 인간의 온전한 발달에 도움이 되도록 참여적이고 개인 맞춤형이며, 현실 세계 지향적인 교육을 학생들에게 제공한다
- 현실 세계 문제를 성공적이고 협력적이며 창조적이고 현명하게 해결할 수 있는 능력을 가진 의욕적이고 지식이 풍부하며 연민 의식이 있는 시민들을 세상에 배출한다.

해결사 학교 공동체의 비전

친절하고 창조적이며 숙련되고 지식이 풍부하고 즐거움에 찬 사람들이 함께 배우며, 모든 사람과 동물, 그리고 생명을 지속시키는 생태계를 위해 더 나은 세상을 함께 창조한다.

해결사 학교의 사명

학생들이 다음과 같은 해결사가 되도록 교육한다.
- 독특한 자질, 흥미, 재능에 대해 사랑과 지원과 인정을 받는 사람
- 진실성을 바탕으로 연민 의식과 책임감이 있는 사람이 되도록 도움을 받는 사람
- 개인에게 의미가 있으면서도, 보다 공정하고 인도적이며 지속 가능한 세상에 기여한다는 목표를 추구하는 사람. 이를 위해 비판적, 창조적, 시스템적인 생각을 하고, 탁월한 협력자가 되기 위해 지식과 기술 습득의 기회를 제공받는 사람

해결사 학교의 약속

인간으로서 학생들의 모든 능력을 존중하고 길러주는 교육을 제공하기 위해 해결사 학교는 다음과 같은 일들을 할 것입니다.

- 학생들로 하여금 우수한 연구력과 사고력을 습득하도록 할 것입니다(학생들은 매우 발전된 창조적, 비판적, 과학적, 분석적, 설계적, 수학적, 논리적, 시스템적, 해결사적인 사고력을 보여줄 것입니다).
- 정서적 건강과 우수한 의사소통 능력을 육성할 것입니다(학생들은 연민 의식, 친절함, 자기 인식 능력, 선을 향한 동기, 정직함, 적극적 경청 능력, 대중연설 능력을 보여줄 것입니다).
- 현실 세계의 문제를 해결하고, 협업하는 모습을 보여주고, 공동체에 참여하고, 해결사 중심의 기회와 인턴십을 추구하는 등의 진정한 성취의 기회를 학생들에게 제공할 것입니다.
- 신체 운동 및 수련뿐 아니라 표현 예술을 통해 창조력을 발휘할 수 있는 기회를 매일 제공할 것입니다.

해결사 학교에 대한 기본적인 이해

1. 인도적이고 공정하며 건강한 세상은 가능하다.

우리는 현명하고 평화롭게 사는 법과 공정하고 지속 가능한 시스템을 만드는 법을 배울 수 있고 또 배워야 합니다.

2. 우리는 생태학적 그리고 사회적으로 불가분하게 연결되어 있다.

우리 각자가 한 일과 하지 않은 일 모두 동물, 환경에 영향을 미칩니다. 생태적 시스템과 사회적 시스템은 서로 상호작용하며, 우리는 이런 상호작용과 상호 연결성을 발견하여 연민과 진실함으로 행동할 능력을 갖고 있습니다.

3. 우리 모두는 책임이 있다.

우리가 할 수 있는 한, 각자는 복잡하고 세계화된 세상 안에서 가장 많은 이익이 되고 가장 적은 피해를 입히는 윤리적 선택을 하려고 노력할 책임이 있습니다. 뿐만 아니라 건강하고, 공정하고, 평화롭고, 인도적인 시스템을 만드는 데 기여하고, 우리가 마주한 도전들을 해결할 책임이 있습니다.

4. 해결책은 정확한 정보와 다양한 관점에 의존한다.

우리는 신뢰할 수 있는 정보를 식별하고, 추측과 잘못된 정보로부터 사실을 구별하며, 우리의 의견과 노력을 알리기 위해 다양한 관점들을 찾아내는 법을 배울 수 있고 또 배워야 합니다.

5. 해결책은 전략적이고 창조적인 사고에서 나온다.

이것 아니면 저것 식의 이분법적 사고는 모두에게 들어맞는 효과적이고 혁신적이고 비전이 출중한 해결책들을 찾고 만들어 내는 능력을 제한합니다. 우리는 문제에 대해 가장 성공적이고 종합적인 해결책을 발견하기 위해 단순하고 이분법적인 대응을 넘어서는 해결책들을 개발하는 노력을 할 수 있고 또 노력해야 합니다.

6. 이상적인 해결책은 인간, 동물, 혹은 생명 유지를 하는
  생태계에 해를 끼치지 않는다.

우리는 모든 생명체와 환경에 대해 지속 가능하고 공정하며 인도적이며 개인과 공동체를 존중하는 해결책을 찾기 위해 노력할 수 있고 또 노력해야 합니다.

7. 이상적인 해결책은 근본 문제를 다룬다.

문제의 증상을 치료하는 것도 중요하지만, 시스템적인 문제들을 해결하기 위해서는 문제를 일으킨 근본 원인을 파악해서 대응할 수 있고 또 대응해야 합니다.

해결사 학교의 중요 요소들

- **해결사 중심 교육과정**: 이 교육 과정은 현실 세계 중심적이고 해결책 중심적입니다. 그리고 학생들의 삶 및 세상과 연관되어 있고, 개인화가 가능하고, 변경도 가능하며, 정기적으로 업데이트됩니다.
- **해결사 센터**: 학교 내 해결사 센터에서는 다음과 같은 방법으로 학생들의 해결책들을 공개 전시합니다. 실행된 아이디어 발표회, 해결사 극장과 예술 공연, 행사 기간 중 전 세계에 생중계되는 해결책 발표회 등을 열어주고, 메이커 공간과 전시공간을 제공하며, 해결사적인 제품과 서비스를 판매하는 해결사 매장을 열어 창업 기회를 제공합니다.
- **학생 지원**: 학생들 각자가 가진 고유한 재능과 공헌 능력을 찾고 개발할 수 있도록 육성 기회와 사랑과 지원을 받을 것입니다.
- **해결사 경력 인증서(SCCs)**: 학생들은 자신이 선택한 해결사 분야에서 인증서를 취득할 수 있습니다.
- **'전인적 학생'에 대한 강조**: 해결사 학교는 학업 내용, 예술과 디자인, 신체적, 정신적, 정서적 건강 간의 균형을 제공하여 학생들이 자신과 타인의 이익을 위해 사고력, 정서적 능력, 창조력, 신체적인 능력을 긍정적이고 시너지 효과가 나도록 함양하고 활용할 수 있도록 합니다.
- **평가**: 해결사 학교의 평가는 학생들의 학습과 성취를 돕고, 연구 능력, 사고력, 협업 능력, 해결사적인 아이디어 및 지식을 발달시키고, 개인의 목표와 학교의 목표를 달성하는 데 최고의 도움을 주기 위해 구성됩니다.
- **민주주의**: 모든 학교 구성원(학생, 교사진, 행정가, 학부모, 직원)은 학교의 의사결정에 발언권을 가집니다.
- **교사진**: 모든 선생님들은 탁월함을 위해 꾸준히 노력하고, 학생들에게 가치 있는 역할 모델로서 자신의 중요한 역할을 수용해야 합

니다. 여들은 경쟁력 있는 보상을 받고, 전문가로서 존경을 받고, 해결사 중심 교육에 대한 전문성 개발 교육 및 훈련을 받고, 교육 과정을 지속적으로 개선하는 데 기여합니다.

- **가장 좋고, 가장 덜 해로운 윤리관**: 가능한 한 학교는 인간, 동물, 환경에 최고의 이익과 최소의 피해를 입히는 선택의 모범을 보입니다. 이는 자생 에너지 사용, 지속 가능한 건축 자재와 가구 사용, 신중한 제품 선택과 재활용에 대한 적극적 관심, 공정거래 정책을 준수하는 학교 구매, 건강을 증진시키고 인도적이고 지속 가능하게 생산된 식품을 선택하는 학교 식당, 건강하고 지속 가능한 음식 시스템을 조성하여 학교 식당에 식자재를 공급하는 학교 정원 또는 수직 정원 등을 포함합니다.
- **가치**: 공감력, 책임감, 친절, 정직성, 진실성, 끈기, 자기 인식, 긍정적 의사소통과 적극적 경청, 경이로움과 호기심, 창조성, 협동성 등의 자질들이 학교 전체 공동체(학생, 교사, 행정가, 직원)에서 적극적으로 함양됩니다.
- **종합적이고 시스템적인 해결사적 접근**: 이 학교는 이분법적 사고를 멀리하고, 모두에게 건강하고 인도적이며 공정한 해결책을 항상 강구합니다.

해결사 학교의 핵심 가치

학교 공동체의 모든 구성원들은 다음의 핵심 가치를 매일 함양합니다.

공감력: 타인과 그들의 경험을 이해하고 연관 짓는 능력

책임감: 우리가 하는 일과 하지 않은 일 모두 영향력을 가진다는 것을 이해하고, 우리 자신과 타인, 동물, 환경에게 최고의 이익과 최소의 피해를 입히는 선택을 하고, 우리 사회의 시스템을 지속 가능하고 평등하고 인도적으로 만드는 더 열정적으로 참여하며 최선을 다해야 한다는

것을 이해하는 능력

친절: 직접적인 대인 관계에 있는 타인뿐 아니라, 멀리 있어도 세계화된 시스템을 통해 연결되어 있는 타인에게도 영향을 미치는 선택을 함으로써 선을 행하고, 서로 돕고, 공감을 실천에 옮기는 태도

끈기: 장애물과 좌절을 무릅쓰고 목표를 추구하려고 노력하는 태도

자기 인식: 자신과 타인에게 끼치는 영향이나 자신의 능력, 재능, 열정, 어려움을 관찰하고 이해하는 능력. 성찰과 반성에 참여하는 능력

긍정적 의사소통과 적극적 경청: 타인에게 관심을 기울이고, 다양한 목소리를 반기고, 언어의 힘을 이해하고, 다른 관점을 고려하는 데 헌신하는 능력

경이로움과 호기심: 알고 이해하려는 갈망으로, 경외감과 놀라움을 경험하고 경탄하는 능력

창조성: 혁신, 창조, 설계, 임기응변하는 능력. 또는 과거에 없었던 아이디어를 결합하거나, 새로운 생각과 관점을 개발하는 능력

협동성: 서로에게 배우고 공동의 목표를 향해 함께 일하려고 노력하는 태도

정직성: 진실하고 솔직하며 진심 어린 성향

진실성: 앞의 모든 가치관에 따라 최선을 다해 살겠다고 약속하는 태도. 아무도 보지 않을 때에도 이와 같은 가치관으로 일관되게 일을 하려고 헌신하는 태도

해결사적 기초 지식, 능력 및 성향

사고 능력

- 연구를 시행하고 타당성을 분석하는 능력
- 다른 견해와 관점을 고려하는 능력
- 인과관계성을 만드는 능력
- 지식을 적용하는 능력
- 창조적 사고
- 비판적 사고
- 디자인 사고
- 논리적 사고
- 수학적 사고
- 과학적 사고
- 해결사적 사고
- 전략적 사고
- 시스템 사고

기초 지식과 역량

- 협력적 역량
- 컴퓨터/기술 역량
- 금융/경제 분야에 대한 지식
- 기본 언어 능력 및 쓰기 능력
- 기초 수리력
- 글로벌 인식 능력
- 미디어 리터러시
- 문제 인식 역량
- 문제 해결 역량

-프로젝트 관리 역량

의사소통과 표현 기술

-효과적 옹호 능력
-적극적 경청 기술
-예술적 기술
-갈등 해결 기술
-다문화적 의사소통 기술
-대중 연설 기술
-작문 기술

성향

-긍정적이고 건강한 상태 상태를 유지할 수 있는 성향
-동물을 비롯해 자신과 남에게 최고의 이익과 최소의 피해를 주는 선택을 하겠다는 헌신적 태도
-양심적
-도덕적
-유념하는
-열린 사고
-책임감
-해결 중심

해결사 경력 인증 과정

배관, 건축, 조경, 전기 공사 등의 분야에서 직업 기술 교육 CTE, Career and Technical Education을 하는 학교들이 있습니다. 이러한 인증 과정을 거침으로써 학생들은 고등학교 졸업 후 취업을 대비해 중요한 인생 경험과 기술을 습득할 수 있습니다. 취업 기회와 고용 안

정에 있어 해결사 경력 인증 과정도 같은 맥락으로 받아들일 수 있습니다.

해결사 경력 인증 과정을 통해 고등학생들은 다양한 가능성을 추구할 수 있습니다. 어떤 경력, 직업, 직종이든 상관없이 모두 해결사적일 수 있습니다. 중요한 점은 이를 실천하는 사람들이 직종이나 직업 내의 시스템이 윤리적이고 지속 가능하며 인간, 동물, 환경에게 모두 이로워야 한다는 책임을 이해하고 받아들이는 것입니다. 다른 분야에 비해 눈에 띄게 해결사적인 분야들이 있습니다. 아래의 도록에는 성격상 해결사적인 직업과 직종이 나열돼 있습니다. 또한 해결사에 초점을 맞춰 변경된 다른 분야도 나열됐습니다.

이 목록은 학교 개별자이자 이사이며 인도적 교육 연구소 IHE의 교육학 석사 졸업자인 매리언 맥길브레이가 선별한 목록 중 일부입니다. 해결사 경력 인증 과정에 참여하는 학생들은 일정 시간의 학습 및 인턴십, 멘토링 그리고 성취에 대한 인증을 받습니다. 상당한 숙련도에 이를 수 있는 경로가 있는 반면, 전문적 준비에 초점을 맞춰 구체적인 성취도를 인증하는 경로도 있습니다.

- **농업**: 지속 가능한 농업, 영속농업, 토양 재생, 산림 복원, 자연 정화 기술, 식물성 단백질 개발, 유기농 원예 및 조경, 재생 에너지 수경재배
- **건축, 설계, 공사, 건설**: 녹색 건축, 지속 가능한 설계, 복원 가능한 토지 이용 계획, 친환경 건축 및 가구 생산, 에너지 효율, 태양열 설계 및 설치, 지속 가능한 무역 특산품(목공, 전기, 배관, 단열, 페인팅, 바닥재 등)
- **예술과 연극**: 해결사 중심적인 극작, 영화 제작, 공연 시, 인형극, 춤, 즉흥 및/또는 스탠드업 코미디, 미디어 엔터테인먼트, 시각 예술(사진, 조각, 순수 미술)
- **커뮤니케이션**: 탐사 보도, 다큐멘터리 제작, 해결사 중심의 글쓰기, 일러스트레이션, 그래픽 디자인, 출판, 캠페인, 대중 연

설, 지지
- **비즈니스, 관리 및 행정**: 사회적 사업 개발, 비영리 창업 및 관리, 녹색 컨설팅, 윤리적 투자, 모금 및 보조금 글쓰기, 공익 광고, 소액 금융
- **교육과 훈련**: 인도적 교육, 교수, 해결사 교육과정 개발, 해결사 워크숍 촉진, 해결사 회의 조직
- **정부 및 공공 행정**: 정책 결정, 정치 활동 및 서비스, 입법 지원 작업, 해결사 씽크 탱크
- **보건과 의학**: 예방 건강 관리, 영양 과학 및 컨설팅, 상담 및 사회 사업, 피트니스, 해결사 중심 의학
- **접객 및 관광**: 자원봉사 관광, 생태 관광, 교육 관광
- **법률, 공공 안전, 교정, 보안**: 환경 보호 및 사회 정의 보호와 동물 보호법, 회복적 정의, 갈등 해결 및 평화구축, 이민 해결책
- **제조**: 공정무역, 친환경, 잔인함 없는 생산, 요람에서 요람까지 생산 (cradle to cradle production, 역자주: 출생에서 다음 세대의 출생에 이르기까지 미래 세대의 삶이 지속 가능하게 배려하는 생산), 재활용
- **STEM 경력(과학, 기술, 공학, 수학)**: 녹색 화학, 인간 연구, 지속 가능한 도시 및 마을을 위한 토목 공학, 무공해/재생 운송 시스템, 청정 에너지 시스템

| 참고 문헌 |

교육관련 서적들

Berger, Warren. *A More Beautiful Question: The Power of Inquiry to Spark Breakthrough Ideas*. New York: Bloomsbury, 2014.

Berry, Barnett, et al. *Teaching 2030: What We Must Do for Our Students and Our Public Schools ... Now and in the Future*. New York: Teachers College Press, 2011.

Brookfield, Stephen D. *Developing Critical Thinkers*, San Francisco: Jossey-Bass Publishers, 1987.

Burger, Edward B., and Michael Starbird. *The 5 Elements of Effective Thinking*. Princeton, N.J.: Princeton University Press, 2012.

Chaltain, Sam. *Our School: Searching for Community in the Era of Choice*. New York: Teachers College Press, 2014.

Chapin, Dexter. *Master Teachers: Making a Difference on the Edge of Chaos*. Lanham, Md.: Rowman & Littlefield Education 2008.

Christensen, Linda, and Stan Karp, eds. *Rethinking School Reform: Views from the Classroom*. Milwaukee, Wis.: Rethinking Schools Press, 2003.

Cornell, Joseph. *Sharing Nature with Children*. Nevada City, Calif.: Dawn Publications, 1979.

Cowhey, Mary. *Black Ants and Buddhists*. Portland, Me.: Stenhouse Publishers, 2006.

Esquith, Rafe. *Teach Like Your Hair's on Fire*. New York: Viking, 2007.

Fine, Melinda. *Habits of Mind: Struggling over Values in America's Classrooms*. San Francisco: Jossey-Bass Publishers, 1995.

Freire, Paulo. *Pedagogy of the Oppressed*. New York: Continuum, 2000.

Friedman, Audrey A., and Luke Reynolds, eds. *Burned In: Fueling the Fire to Teach*. New York: Teachers College Press, 2011.

Gardner, Howard. *Five Minds for the Future*. Boston: Harvard Business Review Press, 2009.

Gatto, John Taylor. *Dumbing Us Down: The Hidden Curriculum of Compulsory Schooling*. Gabriola Island, B.C.: New Society Publishers, 2002.

Goldstein, Dana. *The Teacher Wars: A History of America's Most Embattled Profession*. New York: Anchor Books, 2015.

Goleman, Daniel, Lisa Bennett, and Zenobia Barlow *Ecoliterate: How Educators are Cultivating Emotional, Social, and Ecological Intelligence*. San Francisco: Jossey-Bass Publishers, 2012.

Goyal, Nikhil. *Schools on Trial: How Freedom and Creativity Can Fix Our Educational*

Malpractice. New York: Doubleday, 2016.

hooks, bell. *Teaching Community: A Pedagogy of Hope*. New York: Routledge, 2003.

Hunter, John. *World Peace and Other 4th-Grade Achievements*. New York: Houghton Mifflin, 2013.

Jacobs, Heidi Hayes. *Curriculum 21: Essential Education for a Changing World*. Alexandria, Va.: ASCD, 2010.

Johnson, LouAnne. *The Queen of Education*. San Francisco: JosseyBass Publishers, 2007.

Khan, Salman. *The One World Schoolhouse: Education Reimagined*. New York: Twelve, 2012.

Kohn, Alfie. *Schooling Beyond Measure and Other Unorthodox Essays about Education*. Portsmouth, N.H.: Heinemann, 2015.

Kottler, Jeffrey A., Stanley J. Zehm, and Ellen Kottler. *On Being a Teacher: The Human Dimension, Third Edition*. Thousand Oaks, Calif.: Corwin Press, 2005.

Lickona, Thomas. *Educating for Character*. New York: Bantam, 1992.

Llewellyn, Grace. *The Teenage Liberation Handbook*. Eugene, Ore.: Lowry House, 1998.

McCain, Ted. *Teaching for Tomorrow*. Thousand Oaks, Calif.: Corwin Press, 2005.

McCarthy, Colman. *I'd Rather Teach Peace*. Maryknoll, N.Y.: Orbis Books, 2008.

McCarty, Marietta. *Little Big Minds*. New York: Penguin Group, 2006.

Meier, Deborah. *In Schools We Trust: Creating Communities of Learning in an Era of Testing and Standardization*. Boston: Beacon Press, 2014.

Merrow, John. *The Influence of Teachers: Reflections on Teaching and Leadership*. New York: LM Books, 2011.

Miller, Alice. *For Your Own Good: Hidden Cruelty in Child-Rearing and the Roots of Violence*. New York: Farrar, Straus & Giroux, 1990.

Mintz, Jerry, and Carlo Ricci, eds. *Turning Points: 27 Visionaries in Education Tell Their Own Stories*. Roslyn Heights, N.Y.: Alternative Education Resource Organization, 2010.

Olson, Kirsten. *Wounded by School*. New York: Teachers College Press, 2009.

Palmer, Parker. *The Courage to Teach*. San Francisco: Jossey-Bass Publishers, 2007.

Perkins, David. *Future Wise: Educating Our Children for a Changing World*. San Francisco: Jossey-Bass Publishers, 2014.

Prensky, Marc. *Teaching Digital Natives: Partnering for Real Learning*. Thousand Oaks, Calif.: Corwin Press, 2010.

Reigeluth, Charles M., and Jennifer R. Karnopp. *Reinventing Schools: It's Time to Break the Mold*. Plymouth, U.K.: Roman & Littlefield Education, 2013.

Reynolds, Luke, ed. *Imagine It Better: Visions of What School Might Be*. Portsmouth, N.H.: Heinemann, 2014.

Robinson, Sir Ken, and Lou Aronica. *Creative Schools: The Grassroots Revolution That's Transforming Education*. New York: Viking, 2015.

Russakoff, Dale. *The Prize: Who's in Charge of America's Schools*. New York: Houghton Mifflin Harcourt, 2015.

Schauffler, Marina. *Kids as Planners: A Guide to Strengthening Students, Schools and Communities through Service-Learning, Revised and Expanded 3rd Edition*.

Waldoboro, Me.: Kids Consortium, 2011.

Swope, Kathy, and Barbara Miner, eds. *Failing Our Kids: Why the Testing Craze Won't Fix Our Schools*. Milwaukee, Wis.: Rethinking Schools, 2000.

Trilling, Bernie, and Charles Fadel. *21st Century Skills: Learning for Life in Our Times*. San Francisco: Jossey-Bass Publishers, 2009.

Weil, Zoe. *Above All, Be Kind: Raising a Humane Child in Challenging Times*. Gabriola Island, B.C.: New Society Publishers, 2003.

―――. *The Power and Promise of Humane Education*. Gabriola Island, B.C.: New Society Publishers, 2004.

Wiggins, Grant, and Jay McTighe. *Understanding by Design, Expanded 2nd Edition*. New York: Pearson, 2005.

Wojcicki, Esther, and Lance Izumi. *Moonshots in Education: Launching Blended Learning in the Classroom*. San Francisco: Pacific Research Institute, 2015.

인권 및 사회적 정의 관련 서적들

Alexander, Michelle. *The New Jim Crow: Mass Incarceration in the Age of Colorblindness*. New York: The New Press, 2012.

Baird, Robert M., and Stuart E. Rosenbaum, eds. *Hatred, Bigotry, and Prejudice*. Amherst, N.Y.: Prometheus Books, 1999.

Bales, Kevin. *Ending Slavery*. Berkeley: University of California Press, 2007.

Batstone, David. *Not for Sale: The Return of the Global Slave Trade and How We Can Fight It*. New York: HarperOne, 2010.

Cohen, Stanley. *States of Denial: Knowing about Atrocities and Suffering*. Cambridge, Mass.: Polity Press, 2001.

DuPont, Lori, Annette Gagliardi, and Joanne Foley. *Raising Children with Roots, Rights and Responsibilities*. Minneapolis: University of Minnesota Human Rights Resource Center, 1999.

Jensen, Derrick. *The Culture of Make Believe*. White River Junction, Vt.: Chelsea Green, 2004.

Johnson, Allan. G. *Privilege, Power and Difference*. Boston: McGraw-Hill, 2006.

Kassindja, Fauziya. *Do They Hear You When You Cry?* New York: Delta, 1999.

Kielburger, Craig. *Free the Children*. New York: Harper Perennial, 1999.

Kressel, Neil J. *Mass Hate: The Global Rise of Genocide and Terror*. Boulder, Colo.: Westview Press, 2002.

Kristof, Nicholas, and Sheryl WuDunn. *A Path Appears: Transforming Lives, Creating Opportunity*. New York: Vintage, 2014.

―――. *Half the Sky: Turning Oppression into Opportunity for Women Worldwide*. New York: Vintage Books, 2009.

Menzel, Peter. *Material World*. San Francisco: Sierra Club Books, 1995.

Sloan, Judith, and Warren Lehrer. *Crossing the Boulevard*. New York: W. W. Norton & Co., 2003.

Tomasevski, Katarina. *Education Denied: Costs and Remedies*. New York: Zed

Books, 2003.

Yousafzai, Malala, and Christina Lamb. *I Am Malala: The Girl Who Stood Up for Education and Was Shot by the Taliban*. Boston: Little, Brown and Company, 2013.

Yunus, Muhammad. *Creating a World Without Poverty: Social Business and the Future of Capitalism*. New York: Public Affairs, 2009.

환경 보존 관련 서적들

AtKisson, Alan. *Sustainability Is for Everyone*. Oxford: ISIS Academy, 2013.

Berners-Lee, Michael. *How Bad Are Bananas? The Carbon Footprint of Everything*. Berkeley, Calif.: Greystone Books, 2011.

Carson, Rachel. *Silent Spring*. Boston: Houghton Mifflin, 2002.

Diamond, Jared. *Collapse: How Societies Choose to Fail or Succeed*. New York: Penguin, 2011.

Elgin, Duane. *Voluntary Simplicity*. New York: Harper, 2010.

Ellis, Richard. *The Empty Ocean*. Washington, D.C.: Island Press, 2004.

Kolbert, Elizabeth. *Field Notes from a Catastrophe: Man, Nature, and Climate Change*. New York: Bloomsbury, 2009.

———. *The Sixth Extinction: An Unnatural History*. New York: Henry Holt & Co., 2014.

Hartmann, Thom. *Last Hours of Ancient Sunlight*. New York: Three Rivers Press, 2004.

Hawken, Paul. *Blessed Unrest: How the Largest Movement in the World Came into Being and Why No One Saw It Coming*. New York: Viking, 2007.

Heath, Michael C., and Andy Barker. *Pathways to a Sustainable Future: A Curriculum Guide*. Wiscasset, Me.: Chewonki Foundation, 1999.

Henley, Thom, and Kenny Peavy. *As If the Earth Matters: Recommitting to Environmental Education*. Gabriola Island, B.C.: New Society Publishers, 2006.

McDonough, William, and Michael Braungart. *Cradle to Cradle: Remaking the Way We Make Things*. New York: North Point Press, 2010.

McKibben, Bill. *Eaarth: Making a Life on a Tough New Planet*. New York: St. Martin's Press, 2011.

Nordhaus, Ted, and Michael Shellenberger. *Break Through: Why We Can't Leave Saving the Planet to Environmentalists*. Boston: Mariner Books, 2009.

Orr, David. *Earth in Mind: On Education, Environment and the Human Prospect, 2nd Edition*. Washington, D.C.: Island Press, 2004.

Ryan, John C., and Alan Thein Durning. *Stuff: The Secret Lives of Everyday Things*. Seattle, Wash.: Sightline Institute, 2012.

Seed, John, Joanna Macy, Pat Fleming, and Arne Naess. *Thinking Like a Mountain: Towards a Council of All Beings*. Gabriola Island, BC: New Catalyst, 2007.

Speth, James. *The Bridge at the End of the World*. New Haven, Conn.: Yale University Press, 2009.

Van Matre, Steve. *Earth Education: A New Beginning*. Greenville, W.Va.: Institute for Earth Education, 1990.

Wasserman, Pamela, ed. *People and the Planet: Lessons for a Sustainable Future*. Washington, D.C.: Population Connection, 1996.

동물 보호 관련 서적들

Balcombe, Jonathan. *Pleasurable Kingdom: Animals and the Nature of Feeling Good*. New York: St. Martin's Press, 2006.

Baur, Gene. *Farm Sanctuary: Changing Hearts and Minds about Animals*. New York: Touchstone, 2008.

Bekoff, Marc. *The Emotional Lives of Animals*. Novato, Calif.: New World Library, 2011.

Brown, Jenny. *The Lucky Ones: My Passionate Fight for Farm Animals*. New York: Avery, 2012.

De Waal, Frans. *The Bonobo and the Atheist: In Search of Humanism among the Primates*. New York: Norton, 2013.

Eisnitz, Gail. *Slaughterhouse*. Amherst, N.Y.: Prometheus Books, 2007.

Foer, Jonathan Safran. *Eating Animals*. New York: Back Bay Books, 2010.

Fouts, Roger. *Next of Kin: What Chimps Taught Me About Who We Are*. New York: Quill, 1997.

Ginsberg, Caryn. *Animal Impact: Proven Secrets to Achieve Results and Move the World*. Arlington, Va.: Priority Ventures Group, 2011.

Joy, Melanie. *Why We Love Dogs, Eat Pigs, and Wear Cows*. San Francisco: Conari Press, 2010.

Masson, Jeffrey Moussaieff. *When Elephants Weep*. New York: Delta, 1995.

Norris, Jack, and Virginia Messina. *Vegan for Life: Everything You Need to Know to Be Healthy and Fit on a Plant-based Diet*. Cambridge, Mass.: Da Capo Lifelong Books, 2011.

Pacelle, Wayne. *The Bond: Our Kinship with Animals, Our Call to Defend Them*. New York: HarperCollins, 2011.

Patterson, Charles. *Eternal Treblinka*. New York: Lantern Books, 2002.

Reitman, Judith. *Stolen for Profit*. New York: Kensington Books, 1995.

Singer, Peter. *Animal Liberation*. New York: Harper Perennial Modern Classics, 2009.

Stevens, Kathy. *Where the Blind Horse Sings: Love and Healing at an Animal Sanctuary*. New York: Skyhorse Publishing, 2009.

Wise, Steven. *Rattling the Cage*. London: Profile, 2001.

Wulff, Gypsy. *Turning Points in Compassion: Personal Journeys of Animal Advocates*. Perth, Western Australia: SpiritWings Humane Education, 2015.

문화 및 변화 관련 서적들

Abdullah, Sharif. *Creating a World That Works for All*. San Francisco: Berrett-Koehler Publishers, 1999.

AtKisson, Alan. *Believing Cassandra: An Optimist Looks at a Pessimist's World*. London: Earthscan, 2010.

Bader, Christine. *The Evolution of a Corporate Idealist: When Girl Meets Oil*. Brookline, Mass.: Bibliomotion, Inc., 2014.

Barasch, Marc Ian. *The Compassionate Life: Walking the Path of Kindness*. San Francisco: Berrett-Koehler Publishers, 2009.

Barnes, Peter. *Capitalism 3.0: A Guide to Reclaiming the Commons*. San Francisco: Berrett-Koehler Publishers, 2006.

Bornstein, David. *How to Change the World*. Oxford: Oxford University Press, 2007.

Chase, Robin. *Peers Inc: How People and Platforms Are Inventing the Collaborative Economy and Reinventing Capitalism*. New York: Public Affairs, 2015.

Cooney, Nick. *Change of Heart: What Psychology Can Teach Us about Spreading Social Change*. New York: Lantern Books, 2010. Diamond, Jared. *Guns, Germs, and Steel*. New York: Norton, 2005.

Diamandis, Peter H., and Steve Kotler. *Abundance: The Future Is Better Than You Think*. New York: Free Press, 2012.

Gardner, Daniel. *The Science of Fear: How the Culture of Fear Manipulates Your Brain*. New York: Plume, 2009.

Goffman, Alice. *On the Run: Fugitive Life in an American City*. Chicago: University of Chicago Press, 2014.

Greenspan, Miriam. *Healing through the Dark Emotions*. Boston: Shambhala, 2004.

Haidt, Jonathan. *The Righteous Mind: Why Good People Are Divided by Politics and Religion*. New York: Vintage, 2013.

Halstead, Ted, and Michael Lind. *The Radical Center: The Future of American Politics*. New York: Anchor Books, 2002.

Hinkley, Robert. *Time to Change Corporations: Closing the Citizenship Gap*. CreateSpace, 2011.

Holman, Peggy, Tom Devane, and Steven Cady. *The Change Handbook: The Definitive Resource on Today's Best Methods for Engaging Whole Systems*. San Francisco: Berrett-Koehler Publishers, 2007.

Kiernan, Stephen. *Authentic Patriotism: Restoring America's Founding Ideals through Selfless Action*. New York: St. Martin's Press, 2010.

Krech, Gregg. *Naikan: Gratitude, Grace, and the Japanese Art of SelfReflection*. Berkeley, Calif.: Stone Bridge Press, 2001.

Lindstrom, Martin. *Buy•ology: Truth and Lies about Why We Buy*. New York: Broadway Books, 2010.

Linn, Susan. *Consuming Kids*. New York: Anchor Books, 2005.

McKeown, Greg. *Essentialism: The Disciplined Pursuit of Less*. New York: Crown Business, 2014.

Meadows, Donella, and Diana Wright. *Thinking in Systems: A Primer*. White River

Junction Vt.: Chelsea Green Publishing, 2008.

Novogratz, Jacqueline. *The Blue Sweater: Bridging the Gap between Rich and Poor in an Interconnected World*. New York: Rodale, 2009.

Pinker, Steven. *The Better Angels of Our Nature: Why Violence Has Declined*. New York: Penguin Books, 2011.

Ramo, Joshua Cooper. *The Age of the Unthinkable: Why the New World Disorder Constantly Surprises Us and What We Can Do About It*. Boston: Back Bay Books, 2010.

Rischard, Jean-Francois. *High Noon: 20 Global Problems, 20 Years to Solve Them*. New York: Basic Books, 2007.

Schor, Juliet, and Betsy Taylor, eds. *Sustainable Planet*. Boston: Beacon Press, 2002.

Singer, Peter. *The Most Good You Can Do: How Effective Altruism Is Changing Ideas about Living Ethically*. New Haven, Conn.: Yale University Press, 2015.

Stauber, John, and Sheldon Rampton. *Toxic Sludge Is Good for You*. Monroe, Me.: Common Courage Press, 2002.

Steele, Claude. *Whistling Vivaldi: How Stereotypes Affect Us and What We Can Do*. New York: Norton, 2011.

Sunstein, Cass. *Conspiracy Theories and Other Dangerous Ideas*. New York: Simon & Schuster, 2014.

———. *Wiser: Getting Beyond Groupthink to Make Groups Smarter*. Boston: Harvard Business Review Press, 2014.

Thompson, Laurie Ann. *Be a Changemaker: How to Start Something That Matters*. New York: Beyond Words, 2014.

Timmerman Kelsey. *Where Am I Wearing: A Global Tour to the Countries, Factories, and People Who Make Our Clothing*. Hoboken, N.J. Wiley, 2009.

Ury, William. *The Third Side*. New York: Penguin Books, 2000.

Weil, Zoe. *Most Good, Least Harm: A Simple Principle for a Better World and Meaningful Life*. New York: Atria Books, 2009.

Zimbardo, Philip. *The Lucifer Effect: Understanding How Good People Turn Evil*. New York: Random House, 2008.

교육기관 및 자원

Alternative Education Resource Organization <http://www.education revolution.org>

Americans Who Tell the Truth <http://www.americanswhotellthetruth.org/>

Association for the Advancement of Sustainability in Higher Education <http://www.aashe.org/>

Association for Supervision and Curriculum Development (ASCD) <http://www.ascd.org/>

Authentic Education <https://www.authenticeducation.org>

BetterLesson <http://betterlesson.com/>

Big Picture Learning <http://www.bigpicture.org/>

Buck Institute for Education Project Based Learning <http://bie.org/about/what_pbl>
Center for Compassion and Altruism Research and Education <http://ccare.stanford.edu/>
Center for Ecoliteracy <http://www.ecoliteracy.org/>
Center for Teaching Quality <http://www.teachingquality.org/>
Character Education Partnership (CEP) <http://character.org/>
Clayton Christensen Institute for Disruptive Innovation <http://www.christenseninstitute.org/>
Cloud Institute for Sustainability Education <http://cloudinstitute.org/>
Collaborative for Academic, Social and Emotional Learning (CASEL) <http://www.casel.org/>
Compass Education <http://www.compasseducation.org/>
Creaza <https://www.creaza.com/>
Critical Thinking Foundation <http://www.criticalthinking.org/>
Duolingo <https://www.duolingo.com/>
The Earth Matters <http://theearthmatters.asia/>
Ed Change <http://www.edchange.org/>
Education Next <http://www.educationnext.org/>
Ed Surge <https://www.edsurge.com/>
Education to Save the World <http://edtosavetheworld.com/>
Education Week <http://www.edweek.org/>
Edutopia <http://www.edutopia.org/>
Facing the Future <https://www.facingthefuture.org/>
Facing History and Ourselves <https://www.facinghistory.org/>
For Each and Every Child <http://foreachandeverychild.org/>
Global Issues Network <http://www.globalissuesnetwork.org>
Global Oneness Project <http://www.globalonenessproject.org/>
A Google a Day (for research practice) <http://www.agoogleaday.com/>
Google Apps for Education <https://www.google.com/edu>
Greater Good (education) <http://greatergood.berkeley.edu/education>
Green Teacher <http://greenteacher.com/>
HEART <http://teachhumane.org/>
Hero Construction Company <http://www.heroconstruction.org/>
Heroic Imagination Project <http://heroicimagination.org/>
Hole-in-the-Wall Education Ltd. <http://www.hole-in-the-wall.com/>
Humane Society Academy <http://www.humanesociety.org/about/departments/humane-society-academy/>
Indy Kids <http://indykids.org/>

Inspired Learning Connections <http://www.inspiredlearningconnections.com>
Institute for Democratic Education in America <http://www.democraticeducation.org/>
Institute for Humane Education <http://www.HumaneEducation.org>
Khan Academy <https://www.khanacademy.org/>
Mastery Connect <https://www.masteryconnect.com/>
National Alternative Education Association (NAEA) <http://the-naea.org/>
Non-Violence Leadership Project <http://www.nonviolenceleadership.org/>
Operation Breaking Stereotypes <http://www.operationbreakingstereotypes.org/>
Partnership for 21st Century Learning <http://www.p21.org/>
Peace First <http://peacefirst.org/>
Pinterest for Teachers <https://www.pinterest.com/teachers/>
Progressive Education Network <http://www.progressiveeducationnetwork.org/>
Progressive Education on Pinterest <https://www.pinterest.com/joostvanwijchen/progressive-education/>
Project Censored <http://www.projectcensored.org>
Reach and Teach <http://www.reachandteach.com>
Rethinking Schools <http://www.rethinkingschools.org/>
Roots and Shoots <https://www.rootsandshoots.org/>
SCOPE (Stanford Center for Opportunity Policy in Education) <https://edpolicy.stanford.edu/>
Sociological Images <http://thesocietypages.org/socimages/>
Solutions Journalism Network <http://www.solutionsjournalism.org>
Taking IT Global <http://www.tigweb.org/>
Teachers Pay Teachers <https://www.teacherspayteachers.com/>
Teachers—YouTube <https://www.youtube.com/user/teachers>
Teaching Tolerance <http://www.tolerance.org/>
TED-Ed Lessons <http://ed.ted.com/lessons>
21st Century Lit <http://21stcenturylit.org/>
Understanding Prejudice <http://www.understandingprejudice.org>
Uniting for Kids <http://www.uniting4kids.com/>
Wonder by Design <http://www.wonderbydesign.org/>
World Citizen <http://www.peacesites.org/>
World Peace Game Foundation <http://www.worldpeacegame.org/>
Worldmapper <http://worldmapper.org/>
Yale Center for Emotional Intelligence <http://ei.yale.edu/>
YES! <http://www.yesworld.org/>
Yes! Magazine for teachers <http://www.yesmagazine.org/for-teachers>

교육 관련 블로그

Blog21 <http://www.curriculum21.com/blog/>

Brainwaves Video Anthology <https://www.youtube.com/user/ TheBrainwaves Channel>

Sam Chaltain <http://www.samchaltain.com/blog>

Education Week <http://www.edweek.org/ew/section/blogs>

Jesse Hagopian <http://iamaneducator.com/>

Institute for Humane Education <http://humaneeducation.org/ blog/category/humane-connection/>

Mind Shift <http://ww2.kqed.org/mindshift/>

Scott McLeod <http://dangerouslyirrelevant.org/>

National Geographic Education Blog <http://blog.education.nationalgeographic.com/about-our-blog/>

Diane Ravitch <http://dianeravitch.net/>

Will Richardson <http://willrichardson.com/>

Teach 100 (ranks and conglomerates best education blogs)
<http://teach.com/teach100>

Teach Thought <http://www.teachthought.com/>

Chris Thinnes <http://chris.thinnes.me/>

| 감사의 말 |

이 책을 만드는 데 다양한 방식으로 참여해 주신 많은 분들께 감사드립니다. 제가 읽었던 책과 기사를 쓰고, 제가 보고 들었던 연설을 하고, 제가 교육자로서 30년간 일해 오는 동안 학교 교육에 대해 많은 정보를 주셨던 빛나고 통찰력 있는 수백 명의 선생님들과 작가들이 있습니다(참고 자료 참조). 이 책은 그분들이 했던 작업의 바탕 위에 세워졌고, 제가 그 위에 한 단을 더 쌓았기를 희망합니다.

이 책은 인도적 교육 연구소(IHE) 관련자들이 18개월 동안 협력해서 개발한 해결사 학교 모델에 관한 결과물입니다. 이 작업에 현재 및 과거의 직원들, 교직원, 이사회, 자문위원회, 학생, 졸업생, 파트너, 기증자, 동료 등이 참여하였습니다. 저는 훌륭한 사람들과 함께 일했는데, 개인으로서뿐만 아니라 팀으로서 좋은 작업을 함께 할 수 있는 기회를 주셔서 정말 감사를 드립니다.

많은 분들이 이 책을 읽고 피드백을 제공해 주셨고, 몇 분은 두 개의 초안을 읽으셨습니다. Masha Rakestraw는 세 개의 원고를 읽었습니다. 그녀의 날카로운 눈, 위대한 마음, 그리고 비판적인 피드백은 제게 많은 의미를 주었고, 덕분에 이 책을 크게 개선할 수 있었습니다. 그리고 Victoria Anderson, Liz Behrens, Abba Carmichael, Mary Pat Champeau, Allan Cohen, Pierce Delahunt, Kathryn Dillon, Mark, Doscow, Mary Lee Duff, Susan Feathers, Melissa Feldman, Hope Ferdowsiar, Barbara Fiore, Alison Foster, Margery Gallow, Michael Gillis, Bill Gladstone, Chitra Golestani, Lexie Greer, Mark Heimann, Rachel Josephs, Steve Kaufman, Sandra

Kleinman, Natalja Lekecinskiene, Dora Lievow, Marion MacGillivray, Robyn Moore, Carol Nash, Mark Schulman, Sarah Speare, Kristine Tucker, Lori Weir께도 감사를 드립니다.

이 책은 여러분이 힘을 합쳐 주신 덕분에 극적으로 개선되었고, 여러분 모두에게 정말 감사드립니다. 랜턴 북스(LanternBooks) 출판사의 Martin Rowe와 Kara Davis께도 늘 감사드립니다. Martin은 이 책의 초안에 대해 크라우드소싱 피드백을 받기를 제안했는데, 이를 통해 많은 사람들로부터 배웠고, 다양한 관점을 바탕으로 이 책을 수정하는 훌륭한 방법이었습니다.

마지막으로 그리고 늘, 제 남편 Edwin Barkdoll 과 아들 Forest Barkdoll-Weil에게 깊은 감사를 표합니다. 두 사람 모두 이 책을 읽고 비평을 해 주었습니다. 특히 아들은 어머니날에 비평을 했는데, 그것은 참으로 시기적절했습니다.

인도적 교육 연구소
(INSTITUTE for HUMANE EDUCATION) 소개

www.HumaneEducation.org

인도적 교육 연구소(IHE)는 교육을 통해 보다 정의롭고 평화롭고 지속 가능한 세상을 만들자는 목표으로 일합니다. 연구소는 선생님, 학생 및 세계 시민들에게 다음과 같은 전문성 개발 기회 및 자원, 대학원 프로그램, 단기 과정, 워크숍 등을 제공합니다.

- 발파라이소 대학교(Valparaiso University)와의 제휴를 통한 온라인 석사 및 교육학 석사, 대학원 자격증 프로그램
- 교사 및 관심 있는 시민을 위한 온라인 강좌
- 교사와 관심 있는 시민을 위한 현장 워크숍
- 학생들이 실제 문제를 해결하고 아이디어를 실행하며 해결사 의회에서 해결책을 공유하는 해결사 프로그램
- 수상 경력이 있고 다운로드가 가능한 수백 건의 무료 자료

| 작가에 대하여 |

Photograph © Jo-Anne McArthur

Zoe Weil은 인도적인 교육 연구소(IHE)의 공동 설립자이자 소장으로, 교육을 통해 모든 사람, 동물, 환경을 위해 평화롭고 재생적이며 공평한 세상을 만들기 위한 인도적 교육 운동의 선구자로 여겨지고 있습니다. Zoe는 연구소의 온라인 석사 및 교육학 석사, 대학원 자격증 프로그램과 호평을 받고 있는 워크숍 및 단일 과정을 만들었습니다.

Zoe는 노틸러스(Nautilus) 은메달 수상작인 『최대 이익, 최소 피해: 더 나은 세상과 의미 있는 삶을 위한 간단한 원칙(*Most Good, Least Harm: A Simple Principle for a Better World and Meaningful Life*, 2009)』과 『인도적인 교육의 힘과 약속(*The Power and Promise of Humane Education*, 2004)』, 『무엇보다 친절하라: 도전의 시대에 인도적인 아이로 키우기(*Above All, Be Kind: Raising a Humane Child in Challenging Times*, 2003)』의 저자입니다. 또한 문빔(Moonbeam) 금메달 수상작이며, 잘못된 것을 발견했을 때 바로잡기 위해 선생님으로부터 영감을 받은 12살짜리 활동가 친구들의 이야기인 『클로드와 메데이아(*Claude and Medea: The Hellburn Dogs*, 2007)』 및 『동물을 사랑하는 당신: 어린이를 돕기 위한 액션으로 가득 찬 재미있는 책(*So, You Love Animals: An Action-Packed, Fun-Filled Book to Help Kids Help Animals*, 1994)』 등 아이들을 위한 책도 썼습니다. 그녀는 인성 교육과 인도적이고 지

속 가능한 삶에 대한 수많은 책의 챕터와 논문도 썼습니다.

2010년에 Zoe는 "세상은 우리가 가르치는 대로 된다"라는 제목으로 첫 번째 TED 강연을 했습니다. 이 강연은 1년도 안 되어 TED의 최고 강연 50개 중 하나가 되었습니다. 그 이후로, 그녀는 "해결사들", "자유를 위한 교육", "해결사가 되는 법", "연민의 고리 확장하기", "이 질문에 어떻게 답할 것인가?"를 포함한 또 다른 TED 강연을 했습니다.

Zoe는 미국과 캐나다 전역뿐 아니라 해외의 대학, 컨퍼런스, 학교에서 정기적으로 연설을 하고 있습니다. 인도적 교육 컨설턴트로 전 세계에 있는 사람 및 조직과 활동해 왔으며, 현재 영웅적 상상 프로젝트(Heroic Imagination Project)의 이사회와 굿 라이프 센터(Good Life Center)에서 활동하고 있습니다.

2012년, Zoe는 "친절에 관한 나의 지속적인 문제(My Ongoing Problems with Kindness: Confessions of MOGO Girl)"라는 쇼에 데뷔하여, 엔터테인먼트를 통해 지역사회에 인도적인 문제를 던졌습니다. 또한 2012년, 그녀는 유니티 칼리지(Unity College)에서 환경리더십 여성상을 수상했고, 그녀의 초상화는 로버트 셰틀리가 그린 "진실을 말하는 미국인" 초상화 시리즈에 실렸습니다.

Zoe는 하버드 신학 대학원에서 신학연구 석사 학위를 받았고(1988), 펜실베이니아 대학에서 영문학 석사 및 학사 학위를 받았습니다(1983). 2015년, 그녀는 발파라이소 대학에서 명예 인문학 박사 학위를 받았습니다. Zoe는 성장, 창조성, 건강, 그리고 변화를 촉진하기 위해 개인 상상력의 본질적인 힘에 의존하는 정신치료의 한 형태인 정신 통합 상담 자격증도 받았습니다.

| 역자 소개 |

오인경(Oh, In Kyung)

이화여자대학교와 퍼듀대학원에서 심리학과 교육공학을 전공하고, 보스톤대학교에서 교육공학 박사학위를 취득했다. 삼성인력개발원에서 잔뼈가 굵어, 이후 크레듀(현 SDS 멀티캠퍼스)와 포스코 그룹에서 임원으로 일했다. 교육공학 박사로서는 우리나라 최초로 기업인으로 진출하였으며, 포스코 최초의 여성임원을 역임하였다. 체계적인 기업교육시스템과 이러닝을 국내에 정착시키고 이러닝을 하나의 산업영역으로 출발시키는 데 기여했다. 한국코치협회의 인증코치이며, 교육전문가로서 교육방법론, 리더십, 코칭, 진로 등을 주제로 기업 및 정부, 공공기관, 대학에서 겸임교수, 사외이사, 강의, 자문, 코치로 수십 년간 활발히 활동해 왔다.

전공분야의 깊이 있는 성찰뿐 아니라 인문학, 과학, 미래학, 예술, 상담, 코칭 등의 폭넓은 독서와 교차연구를 통해 '인간'이란 존재를 심층적으로 이해하여 기업과 학교 그리고 삶에 접목시키려는 간학문적이고 통섭적인 노력을 지향하고 있다.

저서로는 『내가 교육을 바꾼다』(온크미디어, 2019), 『이제는 성과가 아닌 성장을 말하라』(학지사, 2019), 『교육프로그램 개발 방법론』(학지사, 2005)과 『웹기반 교육』(교육과학사, 1999)이 있다.

『이제는 성과가 아닌 성장을 말하라』는 세종도서로 선정된 바 있으며, 여성리더로서 역자의 성장 스토리는 『워너비 우먼』(와이즈베리, 2015)과 『여자라이프 스쿨』(책비, 2013)에 소개된 바 있다.

김미정(Kim, Mijeong)

한양대에서 교육공학 학사, 석사를 하고, 미국 플로리다 주립대학에서 교수체제 (Instructional Systems) 전공으로 박사학위를 취득했다. CJ인재원과 멀티캠퍼스에서 기업현장에서의 직원 역량개발과 현장에서의 실질적인 변화를 동시에 추구하는 다양한 해결안들을 탐색하며 구체화해 왔다.

현재 배움을 통해 [더 나은 삶 만들어가기] 재단 비비엘 러닝(3BL-Building Better Life Through-Learning)에서 '모든 사람이 자신의 잠재력을 최대한 발휘하고 품위 있게 더 나은 삶을 사는 세상'을 위해 노력하고 있다. 특히 라틴아메리카와 동남아시아에서 워크플레이스러닝과 농촌지역 리더 및 교사 개발을 위해 "살며, 배우며, 이끌며, 함께 성장하는" 방식으로 더 나은 삶을 만들어가는 노력을 조직화하고 실천하는 데 집중하고 있다.

주요 저서 및 논문으로는 『액션러닝과 조직변화: 변화를 유도하는 학습, 실천을 촉구하는 학습』, 「비즈니스 속도로 학습하기」, 「교육에 대한 직원들의 '마음점유' 높이기」, 「액션러닝을 통해 퍼포먼스 컨설턴트로 거듭나기」, 「HRD 전략으로서의 자기주도학습 어떻게 가능한가? 워크플레이스에서 자기주도학습 지원 및 촉진을 위한 통합된 접근」, 「한 입 크기 컨텐츠 시대, 리더십 교육에 어떻게 활용할 것인가?」 등이 있다.